KB024061

아리스토텔레스의
니코마코스 윤리학

EBS 오늘 읽는 클래식

아리스토텔레스의 니코마코스 윤리학

행복한 사람이 욕망에 대처하는 자세

한국철학사상연구회 기획 | 유재민 지음

서문

    라파엘로의 그림 〈아테네학당〉(본문 29쪽) 정중앙에는 플라톤과 아리스토텔레스가 그려져 있다. 그림 속 두 인물은 스승과 제자로 알려져 있지만, 몇 가지 측면에서 대조를 이룬다. 노년의 플라톤과 중년의 아리스토텔레스는 대화를 나누고 있는 것으로 보인다. 왼편의 플라톤은 오른손 검지로 하늘을 가리키고, 오른편의 아리스토텔레스는 손바닥을 펴 아래 지상을 가리킨다. 여기에 두 명 모두 책을 한 권씩 들고 있다. 하늘을 가리키던 플라톤이 든 책은 『티마이오스』이고, 지상을 가리키던 아리스토텔레스가 든 책은 『니코마코스 윤리학』이다. 『티마이오스』는 우주 만물의 발생 신화를 담은 우주적 서사시이지만,

『니코마코스 윤리학』은 인간이 지상에서 어떻게 살아가야 하는지를 설명하는 지극히 현실적인 저술이다. 르네상스 시기 두 철학자에 대한 대중적인 평가를 담고 있겠으나, 두 철학자의 차이를 분명하게 보여주는 저술들이라고 할 수 있다.

스승의 스승이었던 소크라테스는 행복한 삶에 외모나 재산이 쓸모없다고 말한다. 그는 자신의 못생긴 외모를 불평하기는커녕, '이렇게 못생겼어도 행복하잖아'라고 말하기라도 하듯, 못생긴 외모를 자랑스럽게 말하곤 한다. 스승인 플라톤은 『국가』 시작 부분에서 부유한 노인 케팔로스를 정의로운 자, 행복한 자로 자리매김하지 않는다. 행복한 삶을 위해 외모나 재산의 중요성을 역설하는 대목을 그의 사상에서는 찾을 수 없다. 행복한 삶을 위해 외모나 재산이 필요하지 않다는 이들의 주장을 상식적 관점에서 비판하기는 쉽지 않다. 우리는 예쁘지 않거나 돈이 없어서 불행한 것이 아니라, 덕을 갖추지 않아서 불행한 것이다. 이들의 사상은 그래서 이상적이다. 그러나 아리스토텔레스는 지상의 철학자이자 현실의 철학자이다. 그의 모든 사상이 그러하지만, 인간의 삶을 다루는 윤리학적·정치학적 저술들 속에서는 이를 보다 분명히 파악할 수 있다. 그는 타고난 외모나 물려받은 재산이 많을수록 더 행복해질 수 있다는 지극히 상식적인 주장을 하는 철학자이다. 외모나 재산이라는 우연적 요소들과 행복의 필수조건인 덕목들 사이의 줄타기를 어떻게 해석해야 할지는 후대에 남겨진 우리들의 몫이지만, 그는 분명 우연적 요소들을 행복한 삶에 포함시키는 철학자이다.

또한 인간은 욕망의 동물이다. 아리스토텔레스를 비롯한 유명한 철학자들의 사상은 욕망에 대한 태도, 다시 말해서 욕망에 대처하는 방식에 따라 달라진다. 아리스토텔레스는 욕망에 배타적이거나 욕망을 배제하지 않는다. 욕망은 이성과 함께 인간 자체를 구성하는 중요한 요소이다. 욕망은 그 자체로 나쁜 것도 아니고, 무작정 추구해야 할 것도 아니다. 그는 욕망을 인정하고 이성의 지배하에 올바로 조절하라고 말한다. 한편 욕망을 인정하지 않고 배제하는 것은 금욕주의자들의 태도이다. 그들은 행복한 삶을 위해서라면 의식하지 않은 채 저절로 생겨나는 욕망을 억눌러야 한다고 말한다. 다른 한편 욕망을 인정하고 아무런 제재를 가하지 않은 채 욕망이 지시하는 대로 사는 태도는 쾌락주의자들의 것이다. 아리스토텔레스는 욕망에 대해 금욕주의와 쾌락주의의 중간적 태도를 취할 것을 권유한다. 이렇게 지나치게 많거나 적은 양극단을 지양하고 중용을 높이 평가한다는 점에서도 아리스토텔레스의 현실주의적 사상을 확인할 수 있다.

아리스토텔레스의 『니코마코스 윤리학』은 분량에 있어서나 내용 이해의 측면에서 평범한 독자들이 아무런 배경지식 없이 읽어내기 힘든 저술이다. 이해를 방해하는 가장 핵심적인 요인은 그의 개념 사용에 있다. 이 책은 아리스토텔레스 『니코마코스 윤리학』의 몇 개의 핵심 개념들('행복', '인간', '욕망', '덕', '중용' 등)이 우리의 일상적인 단어 이해와 어떤 점에서 다르고, 현대적인 관점에서라면 어떻게 이해해야 할지를 염두에 두면서 만들어졌다. 부디 이 책을 읽고 난 독자들이 『니코마코스 윤리학』을 직접 대면할 용기를 가지기를 바란다.

태어난 곳과 정반대의 땅에서 멋지게 삶을 꾸려나가고 있는 아내에게 이 책을 바친다.

2021년 겨울

유재민

차례

3장 철학의 이정표

일러두기

이 책에서 『니코마코스 윤리학』 인용은 김재홍·강상진·이창우 공역본(길, 2011)을 사용했다.

1장

그 철학자, 아리스토텔레스

어떻게 살아야 행복할 수 있을까

아리스토텔레스가 시작한 학문의 이름에는 윤리학, 정치학, 수사학, 미학, 생물학, 화학, 경제학, 경영학 등 우리가 들어본 적 있는 대부분의 학문 분과들이 포함된다. 그에 걸맞게 후대 사람들은 그를 '만학(萬學)의 왕'이라고 불렀다. 또한 서양 중세 시대에는 토마스 아퀴나스를 비롯한 대사상가들로부터 '그 철학자(The Philosopher)'로 불렀다. '아리스토텔레스'라는 이름을 언급할 필요 없이 그냥 '그 철학자는 이렇게 말한다'는 식으로, 한 명의 사상가가 철학을 대표하는 인물로 받아들여졌던 것이다. 아리스토텔레스를 통해 고대 그리스를 기원으로 하는 헬레니즘 전통과 그리스도교의 헤브라이즘 전통이 통합되어 그의 사상은 철학·종교·문화적으로 시대를 지배했다. 도대체 한 인물이 어떻게 이토록 방대한 학문 분야의 초석을 쌓았으며, 그 많은 사상가들보다 우월한 위치를 점유할 수 있었을까?

서점에 가면 다양한 종류의 자기계발서, 심리계발서, 처세서, 행복학 관련 서적들이 있다. 어떻게 하면 불안한 마음을 안정시키고 성공에 이를 수 있으며, 어떻게 사는 것이 행복한 삶을 보장해줄 것인가는 인간의 공통 관심사일 텐데, 이런 저술들의 첫머리에도 아리스토텔레스가 반복해 등장한다. 또한 저자들 자신이 의식했건 안 했건 간에 아리스토텔레스의 윤리학과 인간론의 핵심 내용들이 반복해 등장한다.

『니코마코스 윤리학』에는 행복, 중용, 덕, 정의, 우정 등 다양한 주제들이 등장하는데, 아리스토텔레스는 먼저 '행복' 개념을 설명하면서 시작한다. '행복'이란 모든 사람들이 관심을 가지는 주제이지만, 구체적 내용으로 들어가면 사람들 사이에 쉽사리 합의가 이루어지지 않는다. 많은 사람들에게 "어떻게 살아야 행복한 삶일까요?"라고 물으면, "즐겁게 살면 되지 않을까요?"라고 답할 가능성이 크다. 최근에는 소소하지만 확실

아리스토텔레스의 흉상.

한 행복이라는 뜻인 '소확행(小確幸)'이라는 말이 주로 자신만의
취미 생활을 통해 즐거움을 느낄 때 사용된다. 사람마다 관심
과 취향이 다르고 거기서 다른 즐거움을 느낀다는 점에서, 즐
거움은 주관적이다. 하지만 주관적이라는 점에서 본다면, 즐
거움을 느끼는 당사자의 객관적 현실은 무시한 채 이루어지는
행복관이라고 할 수 있다. 세상을 바꾸는 일은 요원하니 차라
리 나만 만족하면 된다는 정신 승리도 있고, 도박이나 마약에
서 오는 즐거움도 있다. 그렇다면 이런 즐거움을 누린다고 잘

사는 삶이라고 할 수 있을까? 이런 데서 행복을 찾는 것이 맞을까?

대놓고 '돈 벌려고 산다'고 말할 사람은 없겠지만, 그 누구도 돈이 없으면 행복할 수 없다. 그래서 재산을 축적하고 타인들에게 부러움의 대상이 되는 삶을 자기 삶의 목표라고 할 사람도 많을 것이다. 돈이 많으면 행복할까? 점점 더 많은 젊은이들이 삶을 비관하는 이유는 노력한다고 돈을 잘 벌 수 없을 것으로 보이기 때문이다. 돈을 펑펑 쓰고도 여유 있는 삶을 살려면 나의 노력이 아니라 일종의 '우연' 혹은 '행운'이 개입해야 하는 것 같다. 재산이 아니라면 하다못해 남들보다 월등히 타고난 재능이 있어야 가능하지 않을까? 그렇다면 내가 한 푼두 푼 저축해 아파트 한 채 마련하는 게 가능할까? 역사상 위대한 철학자들은 대부분 돈이나 타고난 음색이나 외모 같은 '우연'적인 것들에 별반 관심을 기울이지 않았다. 소크라테스부터 시작해 그들은 돈이나 외모는 행복한 삶에 도움은커녕 오히려 방해가 된다고 가르칠 뿐이다. 하지만 이런 '우연성'을 무시하기에는 지금 우리가 발 딛고 있는 현실이 너무 생생하다. 아리스토텔레스는 이 점에서 매우 현실적인 철학자다. 그는 돈이나 타고난 재능 같은 '우연성'들이 행복의 조건이 될수 있다는 점을 부인하지 않고, 참된 행복과 우연성의 관계를 적극적으로 탐구한다. '행복한 삶을 살기 위해 돈이나 외모 같은 우연성에 대처하는 자세는 어떠해야 할까?' '우연이 개입하지 않은 채 노력만으로 행복할 수 있을까?'

행복한 사람이 욕망에 대처하는 자세

인간이 가진 욕망의 구조는 복잡하다. 본능이 한 방향으로 정해진 식물이나 동물과 달리, 인간의 욕망은 다방면으로 향해 있다. 고통을 회피하고 쾌락을 추구하는 것은 인간의 가장 주요한 욕망이다. 식물은 살아남기 위해 필요한 영양분을 필요 이상으로 추구하지 않는다. 영양분이 지나치면 오히려 식물이 죽는다. 동물의 경우도 생존에 필요한 것 이상을 욕망하지 않는다. 하지만 인간은 다르다. 인간의 욕망은 한없이 펼쳐진다. 쾌락주의적 인간은 가지고 있으면서 더 가지고 싶어하며, 이로 인해 인간사회에서는 탐욕과 범죄가 끊이지 않는다. 욕망에 굴복한다는 것은 이렇게 극단적인 소유의 방향으로 추구되기도 하지만, 반대 방향으로도 추구된다. 금욕주의는 욕망 자체를 금기시하여 극단적인 무소유를 추구한다. 쌓여 있는 재물 위에 더 많은 재물을 쌓아두고 싶어하는 것도 인간이고, 자신이 입은 옷

조차 자신의 소유물로 여기지 않으려는 것도 인간이다.

화가 나고 시샘하며 더 많이 가지려는 것은 인간의 본성이다. 그런 점에서 인간은 감정과 욕망의 동물이라 할 수 있다. 불행해지고 싶은 인간은 없을 것이다. 인간은 행복해지려고 발버둥치는 존재이고, 이를 부인할 사람은 없다. 그렇다면 인간의 행복과 '욕망'은 어떤 관계일까? 흔히들 인간은 욕망을 충족할수록 행복할 것이라고 말한다. 하고 싶은 것이 아예 없는 무소유의 상태를 인간의 행복 조건이라고 할 사람은 별로 없을 테니 말이다. 그렇다면 '할 수 있는 한 욕망을 추구하고 이를 충족하는 삶이 행복한 삶일까?' '어쩔 수 없이 생겨나는 감정과 욕망에 대처하는 올바른 자세는 무엇일까?'

아리스토텔레스라는 인물

아리스토텔레스(Aristoteles, 기원전 384~322)는 소크라테스 (Socrates, 기원전 469~399), 플라톤(Plato, 기원전 429?~347)과 함께 고전기 그리스 철학, 나아가 서양 사상의 황금기를 대표하는 인물이다. 하지만 이들과 달리 아리스토텔레스는 그리스 아테네 출신이 아니다. 이방인이었던 셈이다. 그가 태어난 곳은 그리스 북동부 칼키디케 반도의 스타게이로스라는 곳이다. 그가 그리스인의 혈통을 이어받기는 했지만, 그리스 세계의 변방 출신이었다는 것은 분명해 보인다.

아리스토텔레스는 의사 가문 출신이다. 그의 아버지 니코

아리스토텔레스의 고향 칼키디케 반도의 스타게이로스에 남은 고대 그리스 성벽의 흔적.

마코스는 마케도니아의 왕 아뮌타스 2세의 주치의였고, 어머니 파이스티스 역시 의사 집안 출신이었다. 아리스토텔레스는 부모 양쪽으로부터 의사 가문의 핏줄을 이어받은 셈이다. 그의 철학이 스승 플라톤과 비교해 현실적이고 생물학적인 성격을 지닌 이유를 이와 같은 집안 배경에서 찾는 것도 무리는 아니다.

기원전 367년 17세의 아리스토텔레스는 당대 문화의 중심지였던 아테네로 유학을 가게 된다. 이곳에서 그는 플라톤이 교장으로 있었던 아카데미아에서 20년 동안 수학한다. 학생이었을 때의 아리스토텔레스를 가리키는 몇 가지 별명이 전해진다. 그는 "학원의 지성"이라 불리기도 했고 "부지런한 독서가"라 불리기도 했다는데, 그만큼 학문에 대한 열정과 재능이 남달랐다는 방증이다. 그는 20여 년 후 아카데미아를 떠나 우여곡절 끝에 자신의 독자적인 학파를 세우게 된다.

기원전 347년 아리스토텔레스가 37세 되던 해에 플라톤이 세상을 떠난다. 이후 그의 조카 스페우시포스(Speusippus, 기원전 408~339)가 아카데미아의 수장이 되는데, 아리스토텔레스는 이 무렵 아테네를 떠나게 된다. 이런저런 자료에 기대어, 그가 20년간이나 몸담았던 학파와 작별하게 된 이유 몇 가지를 짐작할 수 있다. 첫 번째는 학문적인 이유로, 이전까지 잠재돼 있던 비판 의식이 그를 아카데미아 학당과 작별하게 했다는 설이다. 게다가 수학자이기도 했던 스페우시포스의 영향으로 이전보다 수학에 경도될 것이 분명한 학당의 장래 분위기와 결별했다는 추측도 가능하다. 두 번째는 인간적인 이유라 하겠는데, 학문적으로 자신보다 못했던 동료가 교장이 되는 것을 보고 더 이상 학당에 남아 있을 필요가 없다고 생각했을 수 있다. 요즘에도 공무원 사회에서 회사에서 동료나 아래 기수가 자신보다 높은 위치로 진급하면 그곳에서 나와주는 경우가 있는데, 이와 비슷하다고 하겠다. 세 번째로는 개인의 재산이 관례상

아리스토텔레스가 아테네를 떠나 체류한 고대 앗소스 지역의 유적.

식구들에게 상속되듯이, 플라톤이 설립한 학당이 조카에게 상속된 것이라고 보는 견해도 있다. 학당의 2대 수장 스페우시포스가 죽고, 3대 수장으로 아리스토텔레스가 물망에 올랐다는 이야기도 전해지는 것을 보면, 관례상의 이유도 꽤나 그럴듯한 것으로 보인다. 마지막으로 정치적인 이유도 있다. 그 무렵 마케도니아가 새로운 강국으로 떠오르면서 그리스 전역에 지배권을 행사하게 되는데, 아테네에서 반(反)마케도니아 정서가 강하게 일어났다는 것이다. 이런 정치 상황에서 마케도니아와 가

까운 관계였던 이방인 아리스토텔레스가 위협을 느끼지 않을
수는 없었을 것이다. 이런저런 이유로 그는 아테네를 떠나 먼
저 앗소스라는 지역으로 향한다. 이곳은 예전 학당의 동료였던
헤르메이아스가 권력을 행사하던 곳이었고, 이 헤르메이아스
가 젊을 적 친구를 융숭히 대접하면서 거처할 곳과 제반 연구
환경을 제공해주었다.

아리스토텔레스와 생물학

기원전 345년 39세에 아리스토텔레스는 앗소스에서 그리
멀리 떨어지지 않은 그리스 동부 에게해 연안 레스보스 섬의
미틸레네로 이주한다. 이곳에서 체류한 기간은 아리스토텔레
스 사상이 발전하는 데 있어 중요한 시기로 기억된다. 이곳에
서 그는 테오프라스토스(Theophrastus, 기원전 371~287)와 함께 다
양한 탐구를 진행한다. 테오프라스토스는 아리스토텔레스보다
10년 정도 젊었던 것으로 보이며, 훗날 아리스토텔레스가 세운
페리파토스학파의 2대 수장이 된다. 사상과 관련해 거의 전 영
역에 걸쳐 아리스토텔레스를 계승했다고 할 수 있는 인물이다.
게다가 레스보스 섬은 아리스토텔레스가 생물학 연구에 집중

아리스토텔레스를 계승한 테오프라스토스의 흉상.

할 수 있는 천혜의 연구소와도 같았다. 여기서 그는 다양한 해양 생물들을 관찰하고 해부하는데, 이 관찰 내용은 『동물탐구』(『동물지』)를 비롯한 여러 생물학적 저술에서 집대성된다. 갈라파고스가 찰스 다윈이 쓴 『종의 기원』의 요람이었고, 흑산도가 정약전의 『자산어보』의 고향이었다면, 아리스토텔레스가 30대 후반기를 보냈던 레스보스 섬은 그의 생물학의 보고(寶庫)였던 셈이다. 그의 방대한 경험 축적에 대해 훗날 다윈은 놀라움을 표하면서 높이 평가하기도 했다.

아리스토텔레스와 알렉산드로스 대왕

기원전 343년 41세 때 아리스토텔레스는 당시 마케도니아의 왕 필립포스의 초대를 받아 수도 펠라로 향한다. 13세였던 알렉산드로스(Alexandros, 기원전 356~323) 왕자의 가정교사로 아리스토텔레스를 고용한 것이다. 이는 머지않은 장래에 역사상 최고의 권력자가 될 인물과 세계 최고의 지성이 만난 사건으로, 그 만남의 내용이 어떤 것이었는지 다양한 궁금증과 억측을 낳는 역사적 사건이었다. 3년이라는 짧은 기간에 불과했다고 전해지며, 구체적인 교육 과정도, 왕자에게 전해진 사유의 흔적도 지금 우리에게 명확하게 전해오는 것은 없다. 다만 이후 이들의 행적을 통해 추측해보건대, 이 만남이 서로에게 부정적인 것은 분명 아니었을 것이다. 전해 내려오는 아리스토텔레스의 저술 목록에는 알렉산드로스를 위해 쓴 수사학이 있으며, 아리스토텔레스가 수집한 것이 확실한 아테네 정치체제에 관한 자료가 알렉산드로스에게 긍정적인 영향을 미쳤다는 추측도 있다. 무엇보다 아리스토텔레스의 광범위한 실증적 연구 활동은 알렉산드로스의 도움 없이는 불가능했을 것이다. 일설에 의하면 알렉산드로스는 동방 원정 중 그리스에서 접하기 어려운 생물학 자료들을 옛 스승에게 전달했으며, 아리스토텔

알렉산드로스를 가르치는 아리스토텔레스.

레스는 이 자료들을 가지고 보다 구체적이고 풍부하게 생물학 연구를 할 수 있었다고 한다. 알렉산드로스는 동방 원정에 나서면서 안티파트로스에게 아테네 지배권을 넘기는데, 그는 아리스토텔레스와 매우 친한 친구였다고 한다.

아리스토텔레스와 그의 학교

기원전 335년 혹은 334년 아리스토텔레스는 아테네로 돌아온다. 반마케도니아 정서가 예전보다 약해진 것도 돌아온 이유가 될 수 있을 것이다. 아카데미아로 합류하는 것도 생각 못할 바는 아니었겠으나, 아마도 당시 수장이었던 크세노크라테스 때문에 그는 독자적으로 학교를 만든다. 아폴론 뤼케이오스 신전(뤼케이오스는 아폴론 신의 별칭이다) 근처에 학교를 세우는데, 이 학교 전체를 '뤼케이온(Lykeion)'이라 부른다. 이곳에서 그는 13년 동안 머물면서, 오전에는 학교 건물의 지붕 있는 회랑을 이리저리 소요하며 제자들과 철학적인 문제들을 토론했고, 오후에는 일반 대중을 상대로 철학을 보다 쉽게 가르쳤다. 이런 이유로 그의 학파를 '페리파토스(소요) 학파'라고도 부른다. 이곳에는 도서관과 박물관이 잘 갖추어졌고, 훗날 이집트의 유명한 알렉산드리아 도서관이 이 뤼케이온 도서관을 본따 만들어졌다고 전해진다. 그는 이곳에서 왕성한 연구와 다양한 저술 활동에 안정적으로 몰두할 수 있었다. 오늘날 전해지는 대부분의 철학적 저술들은 이 시기에 완성된 것으로 보이며, 그가 동료들과 함께한 탐구 영역은 식물학, 동물학, 음악, 수학, 천문학, 의학, 우주론, 물리학, 윤리학, 수사학, 정부론, 정치 이론,

심리학, 철학의 역사 등 거의 모든 학문 영역을 아우르는 것이었다.

기원전 323년 아리스토텔레스가 61세가 되었을 때, 동방 원정에서 승승장구하던 알렉산드로스가 바빌론 근처에서 발열로 죽게 된다. 제국은 분열 조짐을 보이고, 같은 해 아테네에서는 주둔하던 알렉산드로스의 군대가 쫓겨난다. 급작스레 끓어오르는 반마케도니아 운동 속에서, 아리스토텔레스는 더 이상 아테네에 머물지 못하게 된다. 아리스토텔레스는 친마케도니아 이방인이라는 이유로 불경죄로 몰리고, 그는 "아테네인들이 철학에 두 번 죄를 짓게 하지 않으려고" 이곳을 떠난다. 그는 아테네에서 멀지 않은 어머니의 고향 에우보이아 섬 칼키스로 도피했고, 1년이 지난 기원전 322년에 62세 나이로 세상을 떠난다.

아리스토텔레스와 플라톤

아리스토텔레스와 스승 플라톤의 관계는 애증의 감정이 교차하는 것이었다. 아무것도 모르는 젊은 시절 그는 플라톤의 사상을 있는 그대로 흡수하며 정신에 자양분을 공급받았을 것

라파엘로의 〈아테네 학당〉.

이다. 플라톤은 이때의 아리스토텔레스를 가리켜 "아카데미아
의 정신(nous)"이라고 칭찬했다고 한다. 하지만 일단 자신의 사
고가 점차 무르익어가면서, 아리스토텔레스는 플라톤과 사상
적 결별을 결심했을 것이다. 디오게네스 라에르티오스(Diogenes
Laertios, 180~240)의 『유명한 철학자들의 생애와 사상』에는 반기
를 들기 시작한 아리스토텔레스를 바라보는 플라톤의 감정이

다음과 같이 적혀 있다. "마치 망아지가 저를 낳은 어미를 그렇게 하는 것처럼, 아리스토텔레스는 나를 차버렸다." 아리스토텔레스가 플라톤의 철학에 대해 가지고 있던, 그리고 학문하는 자라면 의당 가져야 하는 기본 자세는 이런 것이었다. "최소한 진리를 구제하려 한다면, 특별히 지혜를 사랑하는 자라면, 가족과 같은 것일지라도 희생시키는 편이 더 나을 것 같다. 친구와 진리 둘 다 사랑한다 해도, 진리를 존중하는 것이 경건한 일이다."(『니코마코스 윤리학』 1권 6장, 이 문구는 중세에 "플라톤은 친구이지만, 진리는 더 큰 친구이다"로 변형되어 전해진다.)

아리스토텔레스의 윤리학 저술

아리스토텔레스는 서양 사상사에서 유례를 찾아볼 수 없을 정도로 방대한 규모의 저술 활동을 한 인물이다. '만학의 왕'이라고 불릴 정도이며, 규모뿐만 아니라 분야에서도 이후 서양 사상사 거의 전 분야의 시작점으로 자리매김했다. 그리스의 전기 작가 디오게네스 라에르티오스가 소개하는 목록에 따르면, 아리스토텔레스는 115개의 주제에 대해 550여 개의 두루마리를 남겼다. 대략 5~10개의 두루마리가 현대적 의미에서 한 권의 분량이니, 그의 저술의 방대함을 미루어 짐작할 수 있다.

아리스토텔레스는 서양 최초로 학문을 분류한 사람으로, 그의 저술은 크게 '이론학', '실천학', '제작학'적 저술들로 묶인다. '이론적 학문'에는 생물학, 천문학, 기상학, 화학 등의 자연철학적 저술들과 영혼론, 형이상학, 수학 등의 순수 이론 철학적 저술들이 포함된다. '실천적 학문'은 인간의 실천 활동을 주제로 삼고 있고, 여기에는 윤리학과 정치학적 저술들이 포함된다. '제작학적 학문'에는 시학이나 수사학이 포함되는데, 무언가를 만들어내는 것과 관련된다. 현대인의 시각에서 보자면, 공학이나 기술 등이 여기에 해당한다.

아리스토텔레스의 이론적 학문, 실천적 학문, 제작에 관한 학문 중에서 윤리학은 정치학과 함께 실천적 학문에 속한다. 그중 『니코마코스 윤리학』은 아리스토텔레스 윤리학을 대표하는 저술을 넘어, 아리스토텔레스의 사상을 대표하는 저술로 인정받고 있다. 아리스토텔레스의 윤리학적 저술에는 『대(大)윤리학』『에우데모스 윤리학』『니코마코스 윤리학』이 포함된다. 마지막 두 권의 제목은 에우데모스(뤼케이온 학원의 일원)와 니코마코스(아리스토텔레스의 아들)가 아리스토텔레스의 강의록을 편집해서 붙인 것으로 보인다. 『대윤리학』은 아리스토텔레스가 쓴 작품이 아니라는 견해가 많다. 어떤 학자들은 타당한 이유를 들어 이 저술이 아리스토텔레스의 강의를 학생들이 받아 적은 노트였을 것이라고 생각한다. 『에우데모스 윤리학』은 현재 대부분 그가 쓴 것으로 인정받고 있고, 일반적으로는 『니코마코스 윤리학』보다 이전 시기에 쓴 저술로 간주된다. 『니코마코스 윤리학』 5, 6, 7권과 『에우데모스 윤리학』 4, 5, 6권은 같은 내용이 중복된다. 원래 『에우데모스 윤리학』의 일부였을 것으로 보이지만, 내용 전개상 『니코마코스 윤리학』의 일부로 읽어도 문제가 없는데, 한 권으로 원숙기의 윤리학을 정리할 수 있다는 점에서 통상은 『니코마코스 윤리학』의 일부로 포함한다.

아리스토텔레스의 윤리학은 '도덕적으로 착한' 사람을 만들기 위한 책이 아니라 '좋은 성격을 가진' 사람, '훌륭한 성품을 갖춘' 사람을 만들기 위한 책이다. 전투 상황에서 죽음을 무릅쓰고 용감하게 돌진하는 군인은 '착한' 군인이 아니라 '훌륭한' 군인이다. 억울한 일을 참을성 있게 견뎌내는 사람을 가리켜 우리는 '좋은 성격', '좋은 성품'을 가지고 있다고 말하지, '착한' 사람이라 하지는 않는다. '윤리'는 그리스어 '에티코스 (ēthikos)'를 번역한 단어다. '에티코스'의 어원은 '습관'을 의미하는 '에토스(ethos)'이고 우리가 습관을 들여 좋아지거나 나빠지는 것은 '도덕'이나 '윤리'가 아니라 '성격' 혹은 '성품'이다. 이런 점에서 『니코마코스 윤리학』은 '성격에 관한 책' 혹은 '성

『니코마코스 윤리학』의 1566년판 첫 페이지(그리스어 및 라틴어).

품에 관한 책'이지, 착한 사람이 따라야 하는 법칙이나 착한 사람이 되는 방법을 알려주는 책이 아니다. 따라서 아리스토텔레스에게 '윤리학'은 정확하게 말해서 '성격학'을 의미하는 것이라고 전제해야 한다.

아리스토텔레스가 보기에, 인간이라는 행위자의 본성적이고 본질적인 목적이 무엇인지를 이해하는 것이야말로 어떤 원리에 따라 사는 것이 도덕적이고 정치적으로 올바른 삶인지를 이해하기 위한 초석이다. 이 원리는 인간의 행복에 관한 설명을 통해 제시되며, 좋은 사람을 만들어주고 행복한 삶을 살게 해주는 여러 덕목들에 관한 설명을 통해 제시되어 있다. 그리고 이 덕목들을 개인 안에 구체화시켜주는 것이 바로 국가이며, 이때 국가와 공동체적 삶의 본성을 제시하는 것이 『정치학』이 하는 일이다.

행복에서 시작하여 덕으로 나아가다

인간은 모든 경험을 '평가'하려는 동기를 갖고 있다. 새로 구입한 핸드폰의 성능은 만족할 만한지, 어제 소개로 만난 이성은 마음에 드는지, 우리가 하는 행동과 경험에 대해 평가하는 성향을 가지고 있다. 우리가 '행복'에 관심을 기울이는 까닭은 바로 어떤 경험에 대한 '평가'를 내 삶 전체로 확장하는 것과 다르지 않기 때문이다. 힘들게 입학한 학교나 지금의 직업에 만족스러운지를 묻듯이, 지금까지 내 삶은 마음에 드는 삶이었는지를 묻는다는 것은 삶의 주체로서 내가 '행복하게 살고 있는지'를 묻는 것이다.

아리스토텔레스의 '윤리학'은 '행복'의 윤리학으로 불린다. 그의 '윤리학'적 사유는 '행복'에 관한 논의로 시작되며 '행복'에 관한 검토로 막을 내린다. 하지만 조금만 생각해보면 '행복'과 '윤리'는 하나가 커지면 다른 하나도 커지고, 이것이 줄어들면 저것이 줄어드는 비례 관계를 갖지 않는 것 같다. 낡은 가전제품을 바꾸려고 모은 돈을 아프리카 난민에게 기부하는 것은 나의 행복을 포기하고 윤리적인 삶을 선택하는 것이고, 그럼에도 두 눈 꾹 감고 기부를 포기하는 것은 윤리를 제쳐두고 행복을 선택하는 일이다. 그래서 착한 사람은 행복하기 쉽지 않으며, 행복한 삶을 영위하기 위해서는 나쁜 일에 대해서도 애써 눈감을 줄 알아야 하는 것 같다. 하지만 아리스토텔레스는 '윤리학'을 '행복론'으로 시작한다. 상식적으로 그렇듯 윤리적이려면 행복은 잠시 제쳐두어야 한다거나 행복하기 위해서는 윤리를 저버리라고 말하지 않고, 진정 윤리적인 사람이야말로 행복한 사람이고 윤리적인 덕을 떠나서는 행복할 수 없다고 말한다.

아리스토텔레스가 알려주는 삶의 지혜를 이해하기 위해서는 이렇게 기존에 우리가 가지고 있던 몇 가지 개념들에 대해 새로운 각도에서 성찰해야 한다. '행복'이 무엇인지, '착하게 산다'는 것이 무엇인지 우리는 알고 있다고 생각하지만, 아리스토텔레스는 개념들을 새롭게 정의하고, 기존과 전혀 다른 각도에서 삶을 바라볼 것을 요구한다.

'행복'의 사전적 의미는 '기쁨과 만족감을 느껴 흐뭇한 상태'이다. 사람들은 나를 둘러싼 환경이 암울하다 해도 퇴근길 맥주 한 캔으로 사랑하는 가족들의 위로만으로도 '행복'할 수 있다. 이렇게 대부분의 사람들은 행복을 주관의 만족감이나 즐거운 감정으로 이해한다. 반면 아리스토텔레스는 행복을 주관의 문제로 보지 않는다. 그의 행복은 객관적이다. 행복의 그리스어 어원은 '에우다이모니아(eudaimonia)'이다. 여기서 '에우(eu-)'는 '좋은'을 의미하고, '다이모니아(daimonia)'는 '신적 존재, 수호신'을 의미해서, 어원상 행복은 '좋은 수호신의 보살핌, 신이 내린 행운'이 된다. 어원상으로도 아리스토텔레스의 행복은 주관의 만족감과는 거리가 있음을 알 수 있다. 우리는 흔히 휴가를 가야 행복하고 주말이 돼야 행복할 거라고 생각하며, 복권에 당첨돼야 행복하고 재미있는 일을 해야 행복하다고 생각하지만, 아리스토텔레스는 행복이 이런 곳에 있다고 생각하지 않는다. 의사는 환자의 병을 치료하면서, 군인과 경찰은 국가와 국민을 보호하면서, 아버지는 아버지로서의 역할을 담당하면서 행복할 수 있다. 나의 사회적 지위나 나의 직업과 무관하게 나만 알 수 있는 만족감은 본질적인 행복이 아니라는 것이다.

'윤리'와 '도덕'은 유사한 의미를 갖는다. 사람들은 윤리적으로, 도덕적으로 산다는 말을 남들에게 피해 주지 않으면서 착하게 산다는 말로 이해한다. 아리스토텔레스에게 윤리학은 '착하게 사는 방법'이 아니다. 윤리학은 '착한 행위, 착한 사람'이 아니라, '좋은(훌륭한) 행위, 좋은(훌륭한) 사람'이 될 것을 요구한다. 그래서 아리스토텔레스의 윤리학은 '인생에서 성공하는 법'이나 '효율적인 인간관계'를 목표로 한다는 말이 더 진실에 가까울 수 있다. '착함'이나 '훌륭함'에 해당하는 그리스어는 '아가토스(agathos)'이다. 한자어 '善'은 '착하다'와 '좋다'의 두 의미를 가지며, 영어의 'good'도 마찬가지다. 그리스어, 영어, 한자어 모두 하나의 단어가 '착한'과 '좋은'의 두 가지 의미로 사용된 셈이다. 여기서 아리스토텔레스의 윤리학을 처음 접하는 사람들이 흔히 하는 오해가 있는데, 그가 사용한 '아가토스(善)'를 '착하다'로 이해한다는 것이다. 하지만 그의 윤리학 책은 착한 사람이 되는 방법을 알려주는 책이 아니다. 오히려 그 책은 훌륭한 삶을 살아가기 위해 각자의 욕망을 어떻게 조절해야 하는지, 이성을 어떻게 발휘해야 하는지, 인간관계를 어떻게 만들어야 하는지 등을 알려준다.

아리스토텔레스의 윤리학은 행복의 윤리학이자 '덕(virtue)' 윤리학이다. 행복으로 시작하지만, 저술의 대부분은 '덕'을 해설하는 데 할애된다. 사람들은 기본적으로 돈이 많아야 행복하다고 생각한다. 또한 즐겁게 살거나 인기를 누리며 사는 삶을 선호하기도 한다. 아리스토텔레스는 『니코마코스 윤리학』 도입부에서 행복한 삶의 후보군들을 몇 가지 열거하고, 이것들이 참된 행복이 될 수 없는 이유를 제시한 후, 행복을 '덕을 발휘하는 활동'으로 규정한다.

덕이란 특정 상황 속에서 항상 '일정하게' 반응하는 성향이나 태도다. 이런 성향이나 태도를 가리켜 우리는 '성품'이나 '품성'이라고 부른다. 친절한 사람은 도움이 필요한 사람에게 일정하게 도움을 주는 태도를 보인다. 자기 자신의 사적인 이익을 애써 참아내며, 도움을 필요로 하는 사람에게 시선을 주기 때문이다. 또한 도움을 주려는 사람이 도움을 받게 된 사람으로부터 무언가 보답을 기대하지 않는 성향을 갖는다. 그는 이런 태도나 성향이 내면화되어 있는 사람, 다시 말해서 친절함이라는 덕을 갖추고 있는 사람이다.

덕은 이렇게 덕을 갖춘 사람이 훌륭한 삶을 살기 위해 갖춰야 하는 자질이자 성격이다. 살아가다 만나는 갖가지 상황에 잘 대응한다는 것은 해당 상황에서 발휘해야 마땅한 덕을 갖춘 것이다. 용기가 부족한 사람은 도전이 필요한 상황을 극복하지 못하고 상황에 굴복한다. 진실함이 부족하면 의미 있는 인간관계나 거래 관계를 유지하는 데 필요한 신뢰를 얻을 수 없다. 덕을 중심에 두는 윤리학은 행위자 자신이 행복한 삶을 살아가는 데 요구되는 실천적 지혜를 갖춘 것을 중요하게 생각한다. 이때 덕을 발휘하는 삶은 나의 행복이자 내가 속한 공동체 전체의 행복에 기여할 수 있다.

아리스토텔레스는 덕의 본질적 특징을 '중용'으로 본다. 중용 이론을 통해 우리는 그의 윤리학의 특징 두 가지를 살펴볼 수 있다. 첫째로 그의 윤리학은 '감정'이나 '욕구'를 적극적으로 설명할 수 있도록 구성되어 있다. 덕이 요구되는 특정 상황은 외부 환경이 만드는 것일 수도 있지만, 대부분은 인간이 '감정'을 갖고 '욕망'을 추구하는 존재이기 때문에 발생한다. 인간이라면 억울한 일을 당했을 때 '화'가 나기 마련이다. 하지만 아무리 '화'가 나는 상황이라도 무조건 화를 표출하지 않는 것도 인간이다. 화를 참아낼 수도 있기 때문이다. 친구가 부당한 대우를 받을 때 내 마음속에 솟아나는 '분노'의 감정은 인간이 신이 아닌 이상 어쩔 수 없는 본능이다. 윤리적인 인간은 '감정'이나 '욕구' 자체가 생겨나지 않는 무감각한 존재가 아니라, 인간적으로 솟아나는 이 감정에 효과적으로 '반응하는 태도'

를 지닌 사람이다. 감정에 대응하는 방법은 셋이다. 솟아나는 감정을 그 자체로 인정하고 극단적으로 반응하는 태도가 하나이고, 이 감정을 무비판적으로 억제하는 태도가 다른 하나이며, 상황에 맞게 지나치거나 모자라지 않게 적절하게 대응하는 태도가 마지막 방법이다. 처음 두 가지 방법이 악덕의 길이며, 마지막 방법이 덕의 길이다. 덕의 길이 곧 '중용'의 길이다.

둘째로 아리스토텔레스의 윤리학에는 감정이나 욕구를 보람 있는 삶을 적극적으로 살아가기 위한 필수 요소로 설명하면서, 이 두 극단의 중용의 길을 걷기 위한 '이성의 조정 능력'을 중요하게 다룬다. 솟아나는 감정과 욕망에 대응하는 태도(성품)의 주체는 '이성'이고, 아리스토텔레스는 이를 '실천적 지혜'라고 부른다. 그의 윤리학은 이렇게 감정과 욕구를 논의 테이블에 적극적으로 올려놓으면서, 이성의 역할을 무시하지 않는 이성과 감정의 변증법적 윤리학이다.

아리스토텔레스의 윤리학은 '착한' 사람이 아니라 '좋은' 사람, '훌륭한' 사람이 되는 방법을 알려준다. 그리고 내가 사회 속에서, 내가 속한 공동체 속에서 '좋은' 사람으로 산다는 것은 그곳에서 '행복하게' 산다는 것을 의미한다. 아리스토텔레스의 행복론은 주관의 만족감에서 행복을 찾는 쾌락주의적 행복론과 다르다. 행복하게 산다는 것은 윤리적으로 산다는 것을 의미하며, 윤리적으로 산다는 것은 '좋은' 사람으로 산다는 것을 의미한다. 그의 행복론은 객관주의적 행복론을 표방한다. 그리고 이렇게 사회 및 공동체에서 '좋은' 삶을 살기 위해 인간에게 꼭 필요한 '성품' 혹은 올바른 인간관계를 맺을 때 드러나는 '태도'나 '반응'을 윤리학의 핵심 개념으로 삼는 분야를 '덕윤리'라고 부른다. 아리스토텔레스의 행복론은 객관주의적이고, 그의 윤리학은 '덕'을 매개로 구성된다.

행복, 윤리의 사다리

　윤리학과 행복론을 역사적으로 살펴보면, 아리스토텔레스처럼 윤리와 행복의 비례 관계를 주장하는 이론도 있지만, 대부분의 이론에서는 윤리적이기 위해 행복해야 한다거나 행복하려면 윤리적이어야 한다고 말하지 않는다. 역사적으로 '행복론'에는 어떤 입장들이 있었고, '윤리학'에는 어떤 입장들이 있었는지 살펴본다면, 행복과 윤리의 비례 관계를 주장한 아리스토텔레스 행복 윤리학의 특징을 보다 잘 이해할 것이다.

사람들이 생각하는 '행복'에 대한 관점은 주관적 행복론, 객관적 행복론, 탈세속주의 이렇게 세 부류로 나눌 수 있다. 이 중 아리스토텔레스의 행복관은 '객관적 행복론'을 대표한다. 주관적 행복론을 대표하는 '쾌락주의'와 탈세속주의 행복론을 검토하여, 아리스토텔레스의 윤리학적 사상에 담긴 객관주의 행복론의 특징을 살펴본다.

주관적 행복론: 쾌락주의

쾌락주의는 주관적 행복론을 대표한다. 쾌락주의에서 행복의 절대적 기준은 '쾌락을 극대화하고, 고통을 최소화'하는 데 있다. 쾌락과 고통은 주관적인 느낌이어서, 행복하냐 아니냐는 자신만 알 수 있다. 판단자의 환경이 어떠하든, 다른 누가 뭐라 하든 자신만 좋으면 행복한 것이다. 그래서 통상 개인이 진정 달성하고 싶은 욕망이나 꿈을 발견하고, 그 수단을 획득한다면 행복하다고 생각한다. 쾌락주의는 욕망의 충족과 밀접한 관련을 갖는다. 쾌락이란 원하는 욕망의 충족이고, 고통이란 원하는 욕망의 좌절에 다름 아니다. 그래서 원하는 욕망이 많이 충족될수록 행복하고, 원하는 욕망이 좌절될수록 불행하다.

쾌락주의

'쾌락'은 부정적인 어감이 강해서 향락주의나 육체적 쾌락을 떠올리기 쉽다. 오히려 '즐거움'이나 '재미'라는 용어가 보다 정확한 의미를 전달할 수 있다. 사람들은 자신의 삶이 '쾌락을 추구하며 사는 삶'이라는 데는 동의하기 힘들겠지만, 실제 많은 이들은 '재미있고 즐겁게 살고 싶다'는 바람을 숨기지 않는다. 하지만 '쾌락'이든 '즐거움'이든 '재미'든 모두 자신이 하고 싶은 것(욕망)을 충족하는 데서 오는 감정이라는 것은 차이가 없다.

쾌락주의적 인간관에 따르면, 인간과 동물은 크게 다르지 않다. 정의상 인간은 욕망을 충족하려 하고 쾌락을 극대화하려는 동물이며, 이 점에서 다른 동물과 다를 바가 없기 때문이다. 인간의 '이성'은 욕망을 충족하는 데 도움을 주는 능력에 불과할 뿐이다.

쾌락주의도 두 종류로 나뉜다. 감각적이고 육체적인 쾌락주의는 행복하기 위해 '감각적 쾌락'을 충족시켜야 한다고 주장한다. 실제 18세기 프랑스 사상가 쥘리엥 라메트리(Julien Jean Offroy de La Mettrie, 1709~1751)는 인간은 물질로만 이루어진 동물과 다름없는 존재라고 생각했다. "음란함과 추잡함은 너의 영광스러운 운명이니라. 그 안에서 돼지처럼 뒹굴어라. 그러면 돼지처럼 행복하리라."

쾌락주의, 그중에서 감각적 쾌락주의의 문제점은 지적하기 어렵지 않다. 먼저 쾌락 적응의 문제로, 쾌락 감정은 일시적일 뿐이어서 반복된 자극이 필요한데, 반복하면 반복할수록 만족 도가 떨어져 더 큰 자극이 필요하다는 것이다. 정말 갖고 싶었 던 물건을 내 것으로 만든 후 만족감 지속도를 조사한 결과, 하 루나 이틀 사이에 만족감이 없어졌다는 설문에 50퍼센트 가까 운 사람이 동의했다고 하며, 80퍼센트 가까운 사람들은 한 달 이내에 처음 느꼈던 만족감이 사라졌다고 답했다 한다. 또한 쾌락을 과도하게 추구하다 보면 오히려 고통이 밀려오는 경험 을 한 적이 있을 것이다. 이를 '쾌락의 역설'이라고 한다.

두 번째 쾌락주의는 '소극적 쾌락주의'다. 소극적 쾌락주 의는 쾌락주의를 유지하면서 감각적 쾌락주의의 쾌락 적응의 문제를 피하고 '쾌락의 역설'을 피할 수 있는 이론이다. 쾌락 주의가 행복을 추구하는 방법에는 적극적으로 쾌락을 획득하 는 것도 있지만, 소극적으로 '고통을 최소화'하는 것도 있기 때 문이다. 기원전 3세기 헬레니즘 시기 에피쿠로스(Epicurus, 기원 전 341~270)는 행복하기 위해서는 쾌락을 추구하기보다 '고통을 제거'해야 한다고 주장했다. 그는 적극적으로 쾌락을 추구하는 것은 고통을 가져온다는 교훈을 알고 있었다. 그는 욕망을 충 족하는 것에는 아무 관심이 없는 쾌락주의자였다. 그는 '고통 을 제거'하는 방법으로, 인간에게 가장 큰 고통을 야기하는 몇 가지 두려움의 원인을 제거하라고 말한다. 인간이 고통을 느끼는 것은 '미래'에 대한 두려움과 '죽음'에 대한 두려움, '신'에 대한 두려움이라고 주장하면서, 각각의 두려움이 생기는 원인을 분석해서 아무런 두려움과 고통이 없는 상태를 진정한 쾌락의 상태라고 주장한다. '고통을 제거'하는 또 다른 방법은 고통은 욕망이 좌절될 때 생기므로, 과도하고 불필요한 욕망을 버리는 것이다. 그리고 그는 이렇게 고통이 제거된 주관의 상태로서 '평정 상태(ataraxia, 아타락시아)'를 추구한다.

탈세속주의 행복론: 종교적 행복

탈세속주의는 주관적인 행복론이든 객관적인 행복론이든 세속적인 행복은 올바른 행복이 아니라고 말한다. 이들은 훌륭한 삶을 영위하는 데서 획득할 수 있는 객관적 행복도, 쾌락을 추구하거나 고통을 제거하는 주관적 행복도 세속적이라는 점에서 양자 모두 참다운 행복일 수 없고, 달성하는 것도 불가능하다고 주장한다. 참된 행복은 세속을 뛰어넘는 초월적인 곳에서 획득할 수 있고, 세속에서의 행복은 초월적 존재자의 도움으로 가능하다.

성 아우구스티누스(Augustinus, 354~430)의 기독교적 행복관에 따르면, 현세의 덧없는 것들은 진정한 행복과 전혀 무관하다.

그에게 진정한 행복은 신만이 줄 수 있고, 신을 따르는 삶만이 영원한 행복에 이르는 길이다. 물론 신에 대한 믿음과 구원에의 소망, 신과 인간에 대한 사랑으로 영원한 행복에 이를 수 있지만, 이 행복에 이르는 데에도 신의 도움 없이는 불가능하다. 또한 불교에서 부처의 가르침도 탈세속주의적 행복관에 포함된다. 현세의 삶은 고통의 연쇄일 뿐으로, 행복하기 위해서는 이 고통의 연쇄를 끊어야 하지만, 이를 위해서는 먼저 속세의 삶을 초월해야 한다.

쾌락주의와 탈세속주의 행복론의 대안

아리스토텔레스의 행복론은 쾌락주의가 가지는 '쾌락의 역설'에 빠지지 않으면서, 탈세속주의적 행복론이 가지는 문제점도 가지지 않는다. 그는 육체적이고 향락적인 쾌락에는 반대하지만, 사회 속에서 객관적으로 행복을 달성할 때 부수적으로 얻을 수 있는 올바른 쾌락에는 반대할 이유가 없다고 생각한다. 쾌락 자체를 삶의 목적으로 할 때 행복한 것이 아니라, 행복하면 쾌락이 따라온다는 것이다. 아리스토텔레스의 행복론은 초월자의 도움을 필요로 하거나 진정한 행복이 가능한 초월 세계를 요구하지 않는, 인간의 노력으로 달성 가능한 세속적 행복론이다.

아리스토텔레스의 윤리는 행위자 자신의 행복과 결부되어 시작된다. 기존의 윤리관과 다른 점이다. 윤리적으로 산다는 것과 나의 행복을 추구하는 것은 분리될 수 없다. 누군가에게는 이 말이 좀 이기적으로 들릴지도 모르겠다. 윤리는 기본적으로 타인의 이익을 위해 나의 희생을 감수해야 하는 것 아닌가? 아리스토텔레스 사상이 이 문제를 구체적으로 어떻게 다루는지는 2장에서 본격적으로 알아볼 것이다. 단지 한 가지 분명하게 말할 수 있는 것은 그의 사상은 이 점에서 지금까지 언급한 다른 사상들과 크게 구별된다는 점이다.

윤리: 공리주의와 의무론, 그리고 덕윤리

지중해를 여행하던 여객선이 난파되었다. 한 대의 보트에 가까스로 올라탄 사람들로 보트가 가라앉기 일보직전이다. 누구를 희생시켜야 할까? 아니 누군가를 희생시킨다는 것이 말이 될까? 적어도 다 죽지는 말아야 하는 것 아닐까? 이런 상황이 아니면 어느 누구라도 누군가의 희생을 저울질하지 않겠지만 엄중하고 특수한 상황임을 인정하자는 현실적인 입장이 있을 것이고, 윤리나 도덕이라는 건 아무리 어렵고 힘든 특수한

침몰하는 타이타닉호를 바라보는 구명보트를 탄 사람들(1915).

상황에서라도 지켜야 하는 것이고, 그것이 인간을 인간답게 해
주는 것이라는 다소 이상적인 입장도 있을 것이다.

　이 두 입장은 철학의 역사에서 주도적인 윤리 이론들을 대
변한다. 첫 번째, 특수한 상황을 인정해야 한다는 입장이 '결
과주의에 기반한 윤리 이론'이다. 대표적으로는 '공리주의'가
여기에 속한다. 공리주의자는 다수의 이익을 위해서라면 소
수의 희생은 어쩔 수 없다고 주장한다. 이들에게 중요한 것은
다수의 이익과 결과뿐이다. 대표 사상가로 제러미 벤담(Jeremy

Bentham, 1748~1832)과 존 스튜어트 밀(John Stuart Mill, 1806~1873)이 있다. 그리고 아무리 특수한 상황이라도 지킬 건 지키자는 두 번째 입장은 '의무에 기반한 윤리 이론'이다. '기독교 윤리'와 '칸트의 의무론'이 여기에 속한다. 임마누엘 칸트(Immanuel Kant, 1724~1804)에 따르면, 어떤 상황에서도 무고한 사람을 죽여서는 안 된다. 이들에게 중요한 것은 절대적인 도덕적 법칙과 그 법칙에 따르는 의무이다. 예컨대 종교인들은 신의 말씀을 도덕적 명령으로 생각하고 이를 평생 준수하며 살아간다. 도덕적으로 올바른 삶은 신의 말씀대로 순종하며 사는 것, 혹은 해당 종교의 경전이 알려주는 그대로 사는 것인 반면, 도덕적으로 잘못된 삶은 신의 말씀에 거역하며 사는 것이다. 의무론은 나에게 주어진 법칙을 준수하고, 이를 나의 의무로 받아들이라고 말한다.

개인주의적이고 경쟁적인 현대사회를 살아가는 우리들은 아마도 대부분 '결과론자'들일 것이다. 우리는 어떤 행위가 나의 미래에 이익이 될 것인가를 고려해서 행동한다. 많은 사람들이 대체로 따른다고 해서 우월한 것일 수 없다. 그렇다고 세속적 판단을 넘어 의무를 준수하는 것이 우월한 것일 수도 없다. 의무론이든 결과론이든 판단은 각자의 몫이다.

'윤리학', '도덕철학'은 평소라면 좀처럼 하지 않을 질문을 던진다. 나 하나 좋자고 남들에게 피해 주면 안 된다. 약속은 지켜야 한다. 거짓말을 해서는 안 된다. 어른을 공경해야 한다. 부모님께 효도해야 한다. 우리는 이상의 규범들을 귀에 못이 박히도록 들어왔지만, 왜 그래야 하는지에 대해서는 제대로 듣거나 배우지 않는다. 윤리, 도덕을 배운다는 것은 바로 이러한 규범들에 대한 이유와 근거를 고민하는 것이다. 왜 그렇게 살아야 하는가? 도대체 도덕적 규범을 따라야 할 이유는 무엇인가?

"왜 윤리 규범들을 지켜야 하는가?"라는 질문에 대해 공리주의와 의무론은 상이한 대답을 제시한다. 공리주의자는 그것이 다수의 이익을 보장해주기 때문이라고 대답할 것이고, 의무론자는 그렇게 하는 것이 나의 도덕적 의무이기 때문이라고 대답할 것이다. "도대체 도덕적 규범을 따라야 할 이유는 무엇인가?"라는 질문에 대해서도 두 입장은 다른 답변을 제시한다. 공리주의에게 도덕적 규범을 따라야 할 이유는 그것이 "최대 다수의 최대 행복을 실현시켜주기 때문"이며, 의무론자에게는 "신의 명령이나 내 마음속 양심의 명령에 복종하는 것이기 때문"이다.

공리주의 윤리학

공리주의란 결과론 중 하나로, 행위가 이루어지는 과정 자체의 옳고 그름에는 아무런 관심 없이, 행위의 '결과'를 가지고 옳고 그름을 판단한다. 영국의 법학자이자 철학자였던 벤담은 『도덕과 입법의 원리 서설』에서 당대 혼란스러웠던 법 적용의 한계를 극복하고, 법적 판단뿐만 아니라 도덕적 판단에도 차별 없이 적용될 수 있는 한 가지 원칙을 제시한다. 벤담의 공리주의는 한마디로 '효용성(utility)의 원칙'에 근거해서 이를 도덕과 입법의 모든 사안에 적용하려는 입장이다. 효용성의 원칙이란 보통 '최대 다수의 최대 행복의 원리'로 알려져 있는데, 어떤 행위가 그 행위와 관계되는 모든 사람들의 이익을 많게 하면 옳은 행위, 적게 하면 옳지 않은 행위로 인정하는 원칙이다.

벤담의 공리주의는 행복을 '쾌락'으로 간주하는 일종의 쾌락주의적 행복론이다. 그의 양적 공리주의는 모든 선택 상황에서 어떻게 하면 행복을 증대시키고, 불행을 감소시킬 수 있을지 계산할 수 있다는 입장이다. 이때 '행복', '불행'은 '쾌락', '고통'과 같은 의미이며, 이는 보통 '이익'과 '손해'로도 바꿔 이해할 수 있다. 현대사회의 다양한 경제적 맥락에서 사용되는 '비용-편익 분석'도 따지고 보면, 벤담의 '최대 다수의 최대 행복'을 경제 이론화한 개념이다. '선택이 주는 모든 이윤의 합계에서 선택에 들어간 모든 손실 비용을 뺐을 때, 고통 빼기 행복의 양을 최대한으로 만들어라. 그것이 옳은 선택이다.'

아리스토텔레스와 마찬가지로 벤담도 행복과 윤리를 다른 것으로 보지 않는다. "어떻게 하면 행복할 수 있을까?" 쾌락(=이익)을 늘리고, 고통(=손해)을 줄이면 행복할 수 있다. 하지만 이때 쾌락과 고통은 나 혼자만의 행복과 불행을 의미하지 않는다. '최대 다수의 최대 행복'에서 당신의 쾌락과 나의 쾌락은 동일한 기준에 의해 계산되며, 이때 고려 사항은 나와 관련된 전체의 쾌락의 증대 혹은 고통의 감소뿐이다.

칸트의 의무론

사람이 물에 빠져 허우적대고 있다. 구하기는 했는데, 사례금이 탐이 나서 또는 주변의 시선 때문에 마지못해 구했다면, 칸트는 이 사람의 행위를 도덕적인 행위로 보지 않는다. 그에게는 사람을 구했다는 결과에 앞서, 사례금을 받거나 주변 사람들의 시선을 의식한 동기가 존재했기 때문이다. 칸트에게 '도덕적이냐, 아니냐'의 판단 기준은 그가 가지고 있던 '동기' 뿐이다. 그가 따른 명령은 '조건적 명령'이었을 뿐이다. "사람을 구하라! 단 사례금을 받으려면 혹은 주변 사람들로부터 좋은 평판을 받으려면……." 그런데 칸트는 조건적 명령에 복종하는 것은 도덕적인 행위가 아니라고 단언한다.

반면 그가 아무런 조건 없이 순수한 동기로 물에 빠진 사람

아무런 동기 없이 물에 빠진 사람을 구하는 것이 정언명령이다.

을 구했다면, 사람을 구했다는 결과는 앞의 경우와 같지만, 도
덕적인 사람으로 평가받는다. 그는 아무런 조건과 동기 없이
행동했고, 설사 그가 물에 뛰어들어 사람을 구하지 못했다 하
더라도, 결과와 무관하게 그는 도덕적인 행위를 한 것이다. 그
는 '정언명령(혹은 무조건적 명령)에 따른 행동'을 한 것이고, 바로
이 점에서 그는 도덕적이다. 결과만 따지면 둘 다 사람을 구한
'착한' 행동이지만, 두 사례는 '동기의 유무'에서 다르다. 칸트
의 의무론은 결과는 보지 않고 '동기'만 따진다.

　사람이 정언명령을 따를 수 있는 것은 모든 사람이 '선의

지(착한 마음씨)'를 가지고 있기 때문이다. 칸트는 사람이라면 예외 없이 선천적으로 이 선의지를 가지고 있고, 선의지가 아무 조건 없이 내리는 명령을 준수하는 것이 도덕적 인간으로서의 '의무'라고 보았다.

칸트에게 도덕적 행동은 내 안의 선의지가 내리는 '정언명령'을 의무로 따르는 행동이다. 그래서 결과를 고려했든, 누군가가 불쌍해서 자연스럽게 발휘되는 동정심에 의해서든, 모두 조건 명령을 따르는 비도덕적 행동이 된다. 정언명령은 각자의 선의지가 내리는 무조건적인 명령이다. 그렇다면 주관적이지 않을까? 칸트가 이 비판에 답하면서 나름의 객관성을 확보하기 위해 제시한 것이 '보편화 가능성 원리'라는 것이다.

도덕적으로 나를 객관화하는 방법은 도덕 규칙을 상대방의 입장에서 생각해보고 그 타당성을 따져보는 것이다. "당신이 대접받고 싶은 만큼 남을 대접하라"거나, "내가 원하지 않는 것은 남에게 대접하지 말라"(공자)는 가르침은, 그래서 어떻게 행동하는 것이 도덕적인지가 불분명할 때 제시될 수 있는 규칙과 같다. 내가 하기 싫으면 남에게도 시키지 말고, 내가 원하는 것은 남도 원한다고 생각하면서 판단을 내리면, 적어도 내가 어떤 사람인지와 상관없이 도덕적인 사람이라는 평가를 받는다. 칸트의 '보편화 가능성 원리'도 같은 연장선상에서 이해할 수 있다. 내 안의 선의지가 어떤 명령을 내릴 때, 나의 이 규칙을 다른 모든 사람들에게도 따르라고 요구할 수 있을지 물어보는 것이다. 그래서 나의 주관적 규칙을 모든 사람이 따라야 하는 규칙으로 채택할 때 일어날 수 있는 결과를 고려하여 그 타당성을 따져보는 것이다. 그래도 된다는 답변을 받는다면, 이때 주관적 규칙은 '정언명령'으로서의 자격을 얻으며 객관화 가능한 규칙이 된다.

예컨대 내가 갑자기 돈이 필요해서 갚을 생각 없이 거짓말로 돈을 빌려야 하는 상황을 생각해보자. 이때 나의 주관적 규칙은 "돈이 필요하니 어떻게 해서든 빌려라"라는 명령이 된다. 이 규칙이 정언명령의 자격을 얻으려면 이 규칙을 다른 사람들도 자신의 행동 규칙으로 삼는 상황을 가정해보면 된다. 모든 사람이 모든 사람에게 필요에 의해 돈을 빌리게 되면, 아마도 개인 사이의 약속 자체가 무의미해져 누구도 돈을 빌려달라는 부탁을 믿지 않게 될 것이고, 이는 사회적 신뢰가 무너지는 계기가 될 것이다. 따라서 나의 규칙은 보편화 불가능하며, 따라서 정언명령이 아니다.

세상에는 크게는 9·11 테러나 인질 납치부터 작게는 사소한 거짓말까지 많은 악이 존재한다. 이런 악들의 발생 계기를 들여다보면 모두 나름의 이유가 있고 나름의 정당성이 있다.

칸트가 보기에 이런 악들은 나의 주관적 명령(규칙)을 보편화하지 못하고 나에게만 예외를 두었기 때문이다. 칸트가 가정하는 도덕적인 사회는 처음부터 어떤 경우라도 예외를 인정하지 않을 뿐만 아니라 예외를 둘 필요가 없는 사회라고 할 수 있다. 정언명령에 따라 도덕적이지 않은 일은 처음부터 벌어질 수도 없는 도덕적 사회 말이다.

객관적 행복론: 아리스토텔레스의 행복

아리스토텔레스는 행복이 무엇인지에 대해서는 논란이 있고, 대중들과 지혜로운 자들이 같은 답을 내놓는 것은 아니라고 말한다. 행복은 좋은 것들 가운데 '가장 좋은 것'이자 목적들 중에서 '최고의 목적'이다. 사람들은 여기에 동의하겠지만 구체적으로 생각하는 내용은 각자 다를 것이다. 병원에 입원한 사람에게 가장 좋고 가장 원하는 것은 '건강'이지만, 주식을 하는 사람에게는 '돈'이다. 같은 사람이라도 경우에 따라 다를 텐데, 돈을 최고의 목적으로 생각하던 사람도 병원에 입원하는 순간에는 최고의 목적이 달라질 것이다. 이 책에서 다루는 『니코마코스 윤리학』은 이렇게 '행복', '목적', '욕망', '좋은 것'의 관계를 묻는다. "우리는 모두 좋은 것들을 욕망하는데, 좋은 것들에는 수단과 목적의 관계가 있고, 그 가운데 가장 좋은 것이 행복이다."

아리스토텔레스는 모든 좋은 것들 중에서 최고로 좋은 것을 '에우다이모니아(eudaimonia, 행복)'라고 말한다. 어원적으로 '에우(좋은)' '다이몬(수호신)'은 '다이몬(수호신)의 은총을 입었다', '좋은 팔자를 타고났다'를 의미한다. 그래서 예컨대 돈이 많고 명예가 높은 사람들, 그래서 성공적인 삶을 사는 사람들이 고대 그리스에서는 '에우다이모니아'인 사람이다. 아리스토텔레스는 어원적 의미를 부분적으로 수용해서 '잘사는 것', '잘 행동하는 것'을 '에우다이모니아(행복)'라고 생각했다. 따라서 아리스토텔레스에게 행복은 주관적 만족감이 아니라 '객관적 성공, 성취, 달성'이다.

덕윤리의 등장

19세기와 20세기에 걸쳐, 영미권에서는 결과론의 원결판

격인 공리주의와 의무론 사이의 논쟁이 도덕철학의 주류를 이룬다. 고대 그리스 사상에서부터 싹트기 시작한 논쟁이 최근에는 벤담과 밀의 공리주의를 한 축으로, 의무론을 대변하는 기독교 윤리나 칸트주의를 다른 한 축으로 해서 서로의 장단점을 비판, 수용하고 있다. 20세기 후반에 이르면 새로운 관점에 선 사상이 등장하는데, 이를 '덕윤리(virtue ethics)'라고 부른다. 이들은 두 주류 사상이 일상의 도덕적 고려에 마땅히 포함해야 할 무언가를 놓쳤다고 생각했다.

공리주의와 칸트의 윤리학은 원칙상 '사랑'이나 '우정' 같은 고귀한 인간관계를 소홀히 다룬다. 두 이론의 공통점은 윤리란 보편적인 것으로, 모든 사람을 공평하게 다루어야 한다는 것이다. 공리주의에 따르면, 내가 사랑하는 가족이나 친구는 윤리적 고려 속에서 다른 모든 이들과 같은 비중으로 다루어진다. 또한 칸트의 보편화 가능성 원리 안에는 나와 가까운 '우리'가 들어설 여지가 없다. 하지만 일상의 도덕적 고려 속에서 사람들은 나의 가족과 친구를 특별히 배려하며, 사랑하고 우정을 쌓아가는 인간관계를 소중히 여긴다. 따라서 이 두 이론은 인간의 삶 속에서 마땅히 고려해야 할 중요한 가치를 포함시킬 수 없었고 무관심했고 적대적이었다. 내 주변에 대한 지극히 인간적인 관심을 각자의 윤리 이론 속에 내면화할 수 없다는 점이 문제로 부각되었다.

또한 공리주의와 칸트의 윤리학을 따르는 행위자는 자신의 이론에 엄격할수록 나 자신의 개인적 이익이나 욕망의 실현으로부터 멀어지게 된다. 돈을 모아 집과 차를 사고 화목한 가정을 꾸리는 것은 공리주의의 원칙인 최대 다수의 최대 행복에 이바지하지 못한다. 모범적인 공리주의자는 자신의 삶의 목표를 고려할 것이 아니라, 전체의 행복에 우선적인 관심을 기울여야 하는 것이다. 또한 칸트의 윤리학이 상식의 관점에서 가장 많이 비판받는 것도 이 지점이다. 칸트의 의무론을 철저하게 따르는 사람은 늘 선의지가 명령하는 의무에 매달려, 나 자신의 이익이나 행복이 정언명령에 따르는 것인지 점검하고 감시해야 한다. 의무에 대한 고민 속에는 개인의 행복이 비집고 들어갈 여지가 없어 보인다.

세 번째로 하나의 행위가 윤리적으로 옳은 것이 되려면, 공리주의자는 최대 다수의 최대 행복이라는 결과를 가져와야 하고, 의무론자는 해당 행위가 도덕 원칙에 들어맞아야 한다. 이때 윤리적이냐 비윤리적이냐는 '행위'로 결정되지, '행위자'가 어떤 성격과 품성을 가지고 있어서 그런 행위를 하는지로 결정되지 않는다. 아무리 나쁜 성격을 가지고 있는 '행위자'라 하더라도, 단 한 번의 '행위'가 그 상황에서 정언명령에 따른 것이거나, 어쩌다 보니 결과적으로 다수에게 이익이 돌아가게 한다면, 행위자의 평소 성격이나 품성과 상관없이 윤리적이라는 평가를 받기에 충분하다. 사람들은 윤리학을 공부하면 어떻게 살아야 착한 사람이 될 수 있을지를 배울 것이라고 기대하지만, 저 두 윤리학은 사람이 아니라 규칙에, 행위자의 인성이나 성품이 아니라 행위의 결과에 주목할 것을 요구한다.

윤리학의 지배적인 두 이론은 몇 가지 측면에서 단점이 있고, 이를 서로의 장점에서 만회하려는 시도는 원칙적으로 실패할 수밖에 없다. 두 이론 모두 인간이라는 존재가 놓인 기본적인 현실을 무시하고, 복잡한 이론의 틀을 떠나 상식적으로 공감하기가 쉽지 않다. 그렇게 된다면 윤리학이 무엇인지 들여다보려던 사람들은 실망하게 마련이다. 연구실 밖에서 벌어지는 일상의 도덕적 삶과는 담을 쌓은 채 이론가들끼리 논의하는 도덕 법칙들이 과연 무슨 소용일까? 이들은 윤리에서 중요한 한 가지 측면만을 끄집어내어 이것이 윤리의 전부인 양 주장한다. 다수의 행복이 중요한 것도, 원칙을 고수하는 일도 중요하지만, 우리 인생에서 인간으로 살아가면서 보다 소중하게 생각해야 할 것은 다른 것이 아닐까? 실제 삶 속으로 들어가보면, 우리는 원칙을 그대로 고수하기란 힘들고 심지어 불가능하다는 것을 깨닫고 어려움을 타개할 방법을 고민한다. 그러나

고대 앗소스 지역의 유적 앞에 세워진 아리스토텔레스의 동상.

저 두 이론이 이런 예외적인 상황에서 도움이 되는 일은 많지 않다. 현실을 그대로 인정하고 이를 이론 속으로 녹여낼 수 있는 새로운 윤리가 필요하다는 데 많은 사람들이 점차 동의하게 되었다.

　최근에 주목받은 '덕윤리'는 주류 이론의 틈 속에서 새로운 도덕 이론으로 자리 잡아가고 있다. 그리고 이 덕윤리의 토대에는 고대 그리스의 소크라테스부터 플라톤과 아리스토텔레스까지 이르는 윤리학이 놓여 있다. 그중에서 아리스토텔레스의『니코마코스 윤리학』은 현대 덕윤리가 이론의 기본으로 삼는 저술이며, 도덕철학의 주류 이론들이 다룰 수 없었던 문제들에 전혀 다른 차원의 답변을 시도하는 저술이다. 『니코마코스 윤리학』에 담긴 덕윤리학의 기본 사상은 도덕 이론의 '현실화'를 위한 노력에서 다시 주목받기 시작했다.

2장

『니코마코스 윤리학』 읽기

행복이란 무엇인가

최고의 좋음과 최고의 목적

삶은 선택과 행위의 연속이고, 삶이 행복한지 불행한지는 내가 어떤 선택과 행위를 하느냐로 결정된다. 살다 보면 중요한 선택과 덜 중요한 선택이 있을 수 있지만, 평생의 삶을 단한 번의 선택으로 결정할 수는 없다. 삶은 죽을 때까지 무수히 많은 일련의 선택과 행위들을 통해 구성된다. 그리고 무수히 많은 선택과 행위들 각각 그에 걸맞은 목적을 갖는다.

모든 행위와 선택은 어떤 선(善, agathos, good)을 목적으로 삼는 것으로 보인다. 이런 이유로 사람들은 선을 모든 것이 추구하는 것이라고 올바르게 규정해온 것이다.(1권 1장)

고전을 읽는 가장 바람직하지 않은 방법은 '그래서 요점이 뭔데?'라고 묻는 데 있다. 이런 이들은 십중팔구 대략적인 내용을 파악하는 데 만족하고, 마음에 드는 저자의 결론을 마치 금언이나 격언처럼 이용하고 싶어한다. 결론만 선취하는 태도는 저자가 주장하는 바를 오해하게 만든다.『니코마코스 윤리학』맨 앞에 등장하는 위 문장이 오해를 유발하는 대표적인 문장이다. 문장에 담긴 단어들 중에서 중요하지 않은 것이 없으나, 두 단어의 정확한 의미에 주목해서 논의를 시작해볼까한다.

먼저 상식선에서 이 문장은 받아들이기 쉽지 않다. 사람들의 선택과 행위가 '선'을 목표로 한다고? 모든 선택과 행위라면 범죄자의 선택과 행위도 포함되어야 할 텐데, 범죄자가 법을 어기려는 마음을 먹고 범죄를 저질렀다면 이게 무슨 '선'인가 하는 질문이 자연스럽게 든다. 그렇다면 '선'이라는 단어의 의미에 주목해보자. 그리스어 'agathos'의 의미는 '도덕적으로 선하다' 혹은 '착하다'가 아니라, '좋다'나 '훌륭하다'이다. '선'

의 한자어 '善'을 사전에서 찾아보면 '좋을 선'과 '착할 선' 이렇게 두 가지 의미를 발견할 수 있다. 일상적으로 좋다는 것이나 착하다는 것을 엄밀하게 구분할 일은 흔치 않지만, 곰곰이 생각해보면 두 의미의 차이는 적지 않다. 내가 어제 새로 산 신발은 '좋은' 신발일 수는 있어도 '착한' 신발일 수는 없다. 내 병을 치료해준 의사 선생님은 내 병을 치료해줬다는 점에서 '좋은' 의사 선생님일 수 있어도 '착한' 선생님인 것은 아니다. 도덕적으로 선하냐, 즉 착하냐 아니냐는 내 병을 치료해준 것과 별개로 고민해보고 판단 내릴 문제다. 문장 속 '선'은 그래서 '좋음'으로 해석해야지 '착함'으로 해석하면 오해가 시작된다. '선'을 '착함'으로 해석하는 데 익숙한 독자들은 그러니까 시작부터 아리스토텔레스의 의도를 이해하는 데 실패하는 것이다. 자, 그러면 이를 '좋음'으로 이해하고 다시 한번 처음 문장을 살펴보자.

모든 행위와 선택은 어떤 좋음을 목적으로 삼는 것으로 보인다.

'선'을 '착함'으로 해석하면 안 된다는 것은 이해가 가지만, 처음에 들었던 상식적인 의문이 아직까지 완전히 해소되지는 않는다. 모든 행위와 선택에는 범죄자의 선택도 포함될 것이고, 그렇다면 여전히 범죄자의 선택과 행위가 '좋음'을 목적으로 한다는 생각에는 동의하기 쉽지 않기 때문이다. 범죄자의 절도나 사기, 살인은 절대로 '좋은 것'일 수 없다는 게 상식 아닌가? 이를 '좋은' 것들로 인정하는 내용이 그 유명한 『니코마코스 윤리학』에 담겨 있다고? 이런 의문이 들면서 책 전체에 반감이 들거나 선택적 독해의 유혹에 빠져 고전이 주는 통찰력을 놓치게 되는 것이다. 이제 다시 문장으로 돌아가보자. 문장은 그냥 '좋음'이 아니라 '어떤 좋음'이라고 되어 있다. 오해는 '어떤'이라는 단어를 읽고 싶은 대로 읽기 때문에 발생한다. 별로 중요해 보이지 않으니 생략하고 읽었기 때문이다. 아리스토텔레스는 '어떤' 좋음을 목표로 한다고 했고, 도둑놈이나 사기꾼의 선택과 행위도 모두 다 '어떤 측면에서' 선택과 행위를 한 '당사자에게' 좋은 것이 맞다. 설사 범죄자라 하더라도 그 사람은 자기 자신에게 이로움을 주는 좋은 결과를 목적으로 하는 것이다. 이렇게 읽고 나면 앞의 한 문장은 말 그대로 '모든' 사람의 선택과 행위에 적용되는 문장이 된다. 지금 막 도둑질을 하려고 마음먹은 사람의 목적은 돈이다. 그리고 돈은 좋은 것이다. 이렇게 모든 사람은 '좋음'을 목적으로 선택도 하고 행위도 하는 것이다.

　이 한 문장을 이렇게 길게 설명한 이유는 아리스토텔레스의 책을 읽을 때 단 한 문장이라도, 단 한 단어라도 허투루 넘기지 말고, 그가 쓴 의도 그대로 이해하기를 바라는 마음에서다. '모든 인간의 모든 행위, 모든 선택은 자기 자신에게 좋음을 목적으로 한다.' 여기에 예외가 되는 선택이나 행위는 없다. 인간이라면 어떤 마음을 먹을 때도, 어떤 행위를 할 때도 당시 상황에서 좋은 결과를 목적으로 한다. 이것이 바로 아리스토텔레스의 윤리학을 목적론으로 만들어주는 내용이다. 이 주장을 받아들이게 되면, 아무리 내가 아리스토텔레스의 논리에서 허점을 밝혀내고 싶어도, 그의 논리 그대로를 인정하고 싶지 않아도, 인간 행위에 관한 한 그의 목적론에 예외가 없음을 인정할 수밖에 없다. 짜장면이 아니라 짬뽕을 먹기로 마음먹었다면 그에게는 짬뽕이 좋은 것이고, 친구와 놀지 않고 영어 단어를 외웠다면 그는 더 좋은 것을 목표로 공부라는 수고를 감내한 것이다. 이렇게 아리스토텔레스는 인간이 목적 지향적 존재임을 밝혔고, 이어서 여러 개의 목적들도 종류를 구분할 수 있고, 또 위계 구조를 이룬다고 말한다.

그러나 추구되는 여러 목적들에는 어떤 차이가 있는 것으로 보인다. (…) 행위나 학문에는 여러 종류가 있어서 그 목적들 또한 많다. 의술의 목적은 건강이고, 조선술의 목적은 배이며,

병법의 목적은 승리이고, 가정관리학의 목적은 부이니 말이다. 그런데 이러한 것들 중에서 모두 하나의 능력 아래에 있는 것들은, 가령 말굴레 제작술과 마구(馬具)의 제작에 관계되는 다른 모든 기술은 마술(馬術) 아래에 놓이며, 마술(馬術) 자체와 전쟁에서의 모든 행위는 병법 아래에 놓이고, 같은 방식으로 다른 것들도 또 다른 것들 아래 놓이게 된다. 그래서 이 모든 경우에 있어서 총기획적인 것의 목적이 그것 아래에 놓이는 다른 모든 목적들보다 더 선택할 만한 것이다. 전자를 위해 후자가 추구되는 것이기 때문이다.(1권 1장)

수학 문제를 열심히 푸는 목적은 내신 성적 관리를 위해서일 것이다. 또 내신을 관리하는 이유는 좋은 학교 진학을 위해서일 것이고, 또 좋은 학교에 진학하는 목적은 좋은 직장에 취업하기 위해서일 것이다. 또한 이 모두는 좋은 가정을 꾸리기 위해서일 것이고, 나아가 명예를 위해서 혹은 돈을 더 많이 벌기 위해서일 수도 있다. 맨 처음 수학 문제 풀기라는 행위가 내신 성적 관리라는 목적을 가지며, 다시 내신 성적 관리라는 행위는 좋은 학교라는 목적을 갖고, 이 목적은 좋은 직장이라는 또 다른 목적을, 계속해서 좋은 가정이나 명예나 돈 등의 목적들을 갖는 구조로 이루어진다.

가정경영학

'가정경영학(oikonomia)'은 '집(oikos)'과 '법, 질서(nomos)'가 결합된 말로, '집의 질서'를 의미한다. 여기서 오늘날의 '경제(economy)'가 나왔다. 가족을 경영하면서 가족 구성원들을 다루는 자가 곧 '가정경영인'이다. 당시까지만 해도 자급자족 경제 형태와 가까워서, 경제의 단위는 가정이었다.

이 목적들은 하나의 연쇄를 이루면서 두 종류로 구분된다. 또 다른 목적을 지향하는 '도구적(수단적) 목적'과, 이 도구적 목적들의 종착점이 되는 '궁극적 목적', 즉 '최고의 목적'이 그것이다. 아까 인간의 선택과 행위에 '좋음'이 곧 '목적'이었으니, 이 '최고의 목적'은 다른 말로 '최고의 좋음' 혹은 '최고선'을 의미함을 알 수 있다.

인간의 모든 지식과 학문 역시 선택과 행위를 통해 이룩한 것이고, 어떠한 지식과 학문이든 '어떤 좋음'을 목적으로 세워진 것이다. 아리스토텔레스는 모든 학문의 위계를 가로축과 세로축으로 나누어 설명한다. 가로축으로는 의학이 건강을, 조선술이 배를, 병법이 승리를, 가정경영학이 부를 목적으로 할 때, 이것들은 보다 상위의 목적을 위한 수단적 목적들이고, 이 수단적 목적들이 또 한번 공통적으로 지향하는 상위의 목적이 별도로 존재한다. 또한 세로축으로는 말발굽 만드는 기술은 마

병법

아리스토텔레스가 활동한 시대는 대제국 페르시아를 상대로 한 페르시아전쟁과 스파르타를 상대로 벌어졌던 펠로폰네소스전쟁의 여파가 남아 있던 혼란스러운 상황이었음을 염두에 둘 필요가 있다. 또한 그의 윤리학은 개인 윤리에서 시작하지만 국가 공동체라는 공적인 영역에서 완성되는 구조로 이루어져 있다. 국가를 올바르게 통치한다는 것은 외부의 전쟁 상대들을 어떻게 다루어야 하는지와 떼려야 뗄 수 없었다.

구(馬具) 만드는 기술 아래에 놓이고, 마구 기술은 말과 관련된 제반 기술 아래에, 다시 이 기술은 전쟁에서 승리하는 기술로서 병법 아래에, 마지막으로 병법을 그 아래 두는 최고 목적으로서의 학문(혹은 기술)이 별도로 존재한다. 이렇게 모든 기술과 학문은 종적으로나 횡적으로 하위 목적과 상위 목적, 그의 표현대로 도구적 목적과 최고 목적의 위계를 갖는다.

여기서 아리스토텔레스가 가로축으로도 세로축으로도 다른 목적의 수단이 아니라, 최고 목적으로서의 학문으로 염두에 둔 것은 '정치학'이다. 그는 이를 '총기획적인 학문'이라고 부른다. 다시 말해서 의학이 되었든 전투에 필요한 전쟁술이 되었든 시민 개개인이 발휘하는 일체의 선택과 행위, 그리고 지식과 학문이 바로 '정치학'이고, 정치학이라는 가장 상위의 목적으로 구성된다는 것이다. 아리스토텔레스에 따르면, 정치학

총기획적인 학문으로서의 정치학

정치학의 목적은 '인간적인 좋음'이고, '총기획적인'의 어원(architektonikos)에서
'건축(architecture)'이라는 말이 유래했다. 원래 '총기획적인'이라는 말은 건축 현장
에서 모든 일꾼들을 통솔하는 자에게 붙는 형용사로, 총기획적인 학문(정치학)은
'인간적 좋음'을 달성하기 위한 학문이고, 나머지 모든 학문들이 이 목적을 위한
'도구(수단)'가 된다는 의미가 담겨 있다.

은 국가 공동체 내에서 어떤 학문들이 필요한지, 그리고 또 국
가의 시민들이 어떤 학문을 얼마만큼 공부해야 하는지를 규정
하는 학문이다. 경제학이나 공학, 문학, 역사, 철학처럼 가장 높
이 평가받아야 마땅한 학문들까지도 이런 의미에서 총기획적
인 최고 목적으로서 정치학 밑에 놓이는 학문들이다.

정치학의 목적은 '인간적인 좋음'일 것이다.(1권 2장)

아리스토텔레스에게 '정치'란 공동체 구성원 개개인들로
하여금 가장 좋은 것, 즉 최고의 목적을 달성하며 살 수 있게
하는 학문이다. 이런 점에서 정치학이 추구하는 목적은 '인간
적인 좋음'이다. 아리스토텔레스가 인간을 '정치적 동물'이나
'언어를 가진 동물'로 정의한다는 것은 많이 알려져 있다. 인간
은 정의상 공동체를 이루며 구성원들과 소통하는 존재이다. 공

동체를 이루며 타인과 언어를 주고받는 행위를 하는 것이 인간이라면, 인간적인 좋음은 공동체를 떠나 달성될 수 없다. 따라서 우리가 알고 있는 모든 분과 학문들의 목적은 공동체의 좋음을 지향하며, 정치학에서 완성된다. 한편으로 공동체의 구성원 개개인이 어떻게 하면 가장 좋은 인간이 될 수 있는지를 탐구하는 학문인 윤리학은 정치학의 일부 혹은 정치학의 서론 격에 해당되고, 개별 인간이 가장 좋은 인간이 된다는 것은 그가 속한 공동체 내 공동체 구성원들 간의 관계 속에서 완성될 수밖에 없다는 점에서 정치학은 곧 윤리학이기도 하다.

행복의 두 가지 조건: 완전성과 자족성

모든 인간의 선택과 행위, 그리고 인간이 만든 모든 지식과 학문은 목적의 위계를 갖는다는 주장에서 한 걸음 더 나아가 아리스토텔레스는 이 목적의 위계 맨 끝에 위치하는 최고의 좋음, 최고의 목적을 '행복'이라고 말한다. 모든 인간이 추구하는 최고의 목적이자 최고의 좋음은 행복이다. 여기서 다시 한번 그의 생각에 의문이 들 텐데, 누군가는 '나는 행복해지고 싶지 않아, 나는 불행해지고 싶어'라고 억지를 부릴 수도 있기 때

행복

아리스토텔레스의 행복론은 객관주의적이다. 주관의 만족감을 행복으로 여기는 현대의 행복관과는 차이가 있다. 내 상황이 어떻든 나만 좋으면 된다는 행복관이 아니라, 무언가 행위를 통해 달성되고 객관적으로 확인 가능한 것을 행복으로 간주한다. 그래서 '행복'보다는 '번영', '웰빙(well-being)', '성공' 등으로 번역하는 편이 더 낫다는 견해도 있다.

문이다. 하지만 이런 억지조차도 모든 인간은 행복하고 싶어한다는 아리스토텔레스의 주장에서 벗어나지 못한다. 행복도 '좋음'이고, 그가 불행해지고 싶은 것도 그 사람에게는 그것이 '좋음'으로 보이기 때문이다. 누군들 좋은 것을 선택하지 않겠는가? 누군들 행복해지고 싶어하지 않겠는가?

아리스토텔레스는 진정한 행복을 얻기 위해 충족해야 할 두 가지 조건을 제시한다. 첫째로 행복은 최종적인 것, 즉 완전한 것이어야 한다. 행복은 우리가 그 자체로 바라는 목적이며, 다른 것들은 이 목적을 달성하기 위한 수단이다. 어려운 수학 문제를 풀고, 힘들게 영어 단어를 외우는 이유를 물어보면 좋은 대학에 진학하기 위해서라고 답할 것이고, 좋은 대학에 진학해서 뭐 하려느냐고 물으면 좋은 직장에 취직하기 위해서라고 답할 것이다. 그렇다면 좋은 직장에 취업하고 남들보다 좋은 아파트에서 살면 그의 인생의 목적이 달성될까? 아닐 것이다. 하지만 누군가 이 모든 것들은 행복해지기 위해서였다고 답한다면 더 이상의 질문은 불필요해진다. 바로 이 '행복'이 그가 가진 가장 궁극적인 목적이기 때문이다.

> 언제나 우리는 그 자체로 선택될 뿐 결코 다른 것 때문에 선택되는 일이 없는 것을 단적으로 완전한 것이라고 말한다. 그리고 무엇보다 행복이 이렇게 단적으로 완전한 것으로 보인다. 우리는 행복을 언제나 그 자체 때문에 선택하지, 결코 다른 것 때문에 선택하지는 않기 때문이다.(1권 7장)

또한 목적의 궁극적 완전성이라는 조건은 내가 삶을 살아가면서 행복을 위해 선택하고 실행하는 다양한 수단적 목적들을 가치 있게 만들어준다. 내가 지금 잠도 못 자고 일하는 이유는 부자가 되기 위해서이고, 왜 부자가 되고 싶냐고 재차 물었더니 아무 답변을 할 수 없다면, 나는 아무 목적 없이 맹목적으로 살아가는 사람이 된다. 내가 지금 열심히 일하는 것도 장래에 벌어들일 돈도 모두 무가치해진다는 말이다. 만일 궁극적 목적 없이 당면한 상황에 적응해서 살아가는 사람이라면, 이로 인해 내가 하는 일체의 수단적 목적들은 공허해지고 무가치해지며 헛된 것이 되어버린다. 욕구가 공허해지면 삶도 공허해진다. 인간이 가지는 바로 이 욕망의 체계는 무한할 수 없다. 나의 욕구가 어떠한 궁극적인 목적에 대한 고려 없이 맹목적으로 추구된다면, 우리는 결코 행복해질 수 없는 것이다.

두 번째로 행복은 자족적인 것이어야 한다. 학점을 잘 받기 위해서는 시험을 잘 보는 것으로는 충분하지 않다. 높은 시험 점수가 학점을 위해 필요하기는 하지만, 그것만으로는 불충분하다. 돈만 있으면 행복해질 줄 알고 돈 버는 일에만 매진하면 절대 행복해질 수 없다. 행복해지는 데 돈이 중요하기는 하지만 그것만으로는 행복의 충분조건이 될 수 없기 때문이다. 행복은 그것만 충족되면, 그것 자체만 가지면, 우리가 삶을 살아가기에 충분한 동기 부여가 되는 것이어야 한다. 이것을 목적으로 삼는다면 우리는 다른 것에 의존할 필요가 없을 것이고, 다른 것들을 성취하기 위해 노력할 하등의 이유가 없을 것이다. 바로 이것이 그것 하나로 족하다는, 자족성이 갖는 의미라고 할 수 있다.

> 완전한 좋음은 자족적인 것으로 보인다. (…) 우리는 자족성을 그 자체만으로도 삶을 선택할 만한 것으로 만들고 아무것도 부족하지 않도록 만드는 것이라고 규정한다. 우리는 행복이 바로 그렇게 자족적인 것이라고 생각한다. (1권 7장)

기능 논변: 인간이란 무엇인가

사실 따지고 보면, '모든 사람들은 행복해지기를 원한다'는 말은 아무 내용을 담고 있지 않다. 그래서 그는 이렇게 최종적이고 자기 충족적인 행복의 조건을 검토한 후에, 행복의 실질적 내용을 채워줄 장치 하나를 제시한다. 바로 '기능(ergon) 논변'이다. 어떤 X의 기능이란 'X에게 고유하게 부여된 일이자 역할'이다. 눈에 고유하게 부여된 임무는 '보는 것'이고, 손의 고유한 역할은 '잡는 것'이다. 기능이란 눈이나 손이 유일하게 할 수 있는 일이자 눈이나 손이 훌륭하게 할 수 있는 일, 다시 말해서 그것들이 '고유하게 해야 할 일'이다. 도끼의 기능은 '자르는 것'이고 온도계의 기능은 '온도를 재는 것'이며, 말의 기능은 '달리는 것'이다. 내가 도끼에 그림을 그려서 벽에 걸어놓을 수는 있지만, 그렇다고 이 도끼를 참된 도끼라고 하지 않는다. 생물이든 무생물이든 이렇게 모든 것은 고유한 기능을 갖는다.

그런데 해당 생물이나 무생물의 '기능'이나 '할 일'에는 기능을 최고로 실현할 수 있는 상태로서 '훌륭한 상태'나 '훌륭함'이 있다. 각각이 자신의 '할 일'을 '가장 잘 수행하는 상태'가 바로 '훌륭함'이다. 그래서 '훌륭함'은 각자의 할 일을 가장

훌륭함(탁월함)

'훌륭함(탁월함)'과 '덕' 모두 aretē의 번역어이다. aretē는 'agathos(좋음)'에서 유래한 말로, 어떤 사물이 '자신의 기능을 가장 잘 수행할 수 있는 상태이자 그렇게 하고 있는 상태'를 의미한다. 그래서 '훌륭함', '덕'은 일시적인 상태가 아니라 지속적이고 굳어진 상태여야 한다. 일시적으로 어떤 기능을 달성했다고 해서 훌륭한 것은 아니다. 이 책에서는 대부분 '덕'이라는 용어를 사용했다.

'잘 수행하는 상태', '잘함'이라고 할 수 있다. 눈에 기능이 있으니 눈의 훌륭한 상태가 있고, 칼에 기능이 있으니 칼의 훌륭한 상태가 있는 것이다. 이렇게 모든 사물에는 자신의 기능과 '할 일'이 있고, 그 기능과 할 일을 가장 잘 수행할 수 있는 '훌륭함'과 '잘함'이 있다. 이를 눈, 도끼, 칼이 아니라 '인간'에게도 적용해볼 수 있지 않을까? 인간이 고유하게 '할 일', 인간에게 고유한 '기능'은 무엇일까?

> 피리 연주자와 조각가, 그리고 모든 기술자에 대해서, 또 일반적으로 어떤 기능과 해야 할 행위가 있는 모든 사람에 대해서, 그것의 좋음과 '잘함'은 그 기능 안에 있는 것처럼 보인다. 그처럼 인간의 경우에도 인간의 기능이 있는 한, 좋음과 '잘함'은 인간의 기능 안에 있을 것 같다. 그런데 목수와 제화공은 어떤 기능과 행위들을 가지고 있지만 인간은 아무

런 기능도 가지고 있지 않으며 본래 아무 할 일도 없는 존재라고 할 수 있을까? 아니면 눈이나 손, 발 그리고 일반적으로 각각의 부분들이 어떤 기능을 가지고 있듯이 그렇게 인간에게도 이 모든 기능들 외에 어떤 기능이 있다고 상정해야 할까?(1권 7장)

'인간'의 고유한 기능이란 의사로서, 선생으로서, 아버지로서 수행할 수 있는 기능이 아니다. 인간이 '인간으로서', '인간인 한에서' 수행할 수 있는 기능은 이런 구체적인 기능들과 다르다. 즉 인간의 고유한 기능은 건강을 회복시켜주거나 가르치는 일, 가족 간의 화목을 가져오는 일보다 훨씬 일반적이고 추상적일 수밖에 없다. 의사로서 인간의 기능을 알기 위해서는 의사가 무엇인지를 알면 되고, 아버지로서 인간의 기능을 알기 위해서는 가족이나 아버지의 역할이 무엇인지 알면 된다. 그렇다면 인간으로서, 인간인 한에서 인간의 고유한 기능을 알기 위해서는 '인간'이 무엇인지, 인간의 '정의(定意)'를 알아야 할 것이다. 마찬가지로 인간의 기능을 가장 잘 수행하는 상태인 인간의 '훌륭함'을 알기 위해서도 우리는 '인간이란 무엇인가'라는 일반적이고 철학적인 물음을 던지지 않을 수 없다.

바로 이곳이 철학이 어려워질 수밖에 없는 지점이다. 우리는 지금 어떻게 사는 것이 좋은지, 어떻게 살아야 행복하게 살 수 있는지를 묻고 있는데, 이런 물음은 물음 자체에 앞서 언급된 대로 일반적이고 추상적인 개념에 대한 정의 물음이 포함되어 있다. 아리스토텔레스는 특정 시간과 공간을 살아가는 철수의 기능이나 영희의 기능, 의사나 과학자의 기능을 묻는 것이 아니다. 그가 묻는 행복은 모든 인간에게 적용 가능한 매우 넓은 개념이고, 그래서 인간이 무엇인지를 묻는다는 것은 유(類)적인 인간으로서, 모든 개인들이 공유하는 공통적인 기능이 무엇인지를 묻는 것이다. 가정주부로서 영희의 기능이 무엇이고 좋음이 무엇인지는 그녀의 가족 내에서 그녀가 할 일로 결정될 것이고, 과학자의 기능과 과학자의 좋음은 과학자 공동체 내에서 결정될 것이다. 하지만 인간이라는 유적 존재는 그럴 수 없다. 철학이나 윤리학이 중요시하는 '인간', '행복' 등의 개념들은 그래서 '유적' 성격을 가질 수밖에 없고, 그래서 철학책을 읽는 것이 어렵고 무의미해 보이는 것이다. 그렇다고 해서 이 과정을 무시할 수는 없다. 철학적 물음은 인간인 한에서 삶을 의미 있게 살아가기 위해 묻지 않을 수 없는 필수적인 것이기 때문이다.

이제 본격적으로 '인간의 기능이란 무엇인가'라는 물음에 대답할 차례다. 아리스토텔레스는 인간의 기능을 묻는 대신 인간 '영혼의 기능'을 묻는다. 그의 '영혼' 개념에 대해서는 조금 설명이 필요하다. 그에게 영혼은 인간이 죽으면 몸과 별도로 천국이나 저승으로 옮겨가는 종교적인 성격을 갖지 않는다. 살아 있는 생명체라면 모두 영혼을 갖는다. 그래서 그의 영혼 개념은 '생물학적'이고 '생리학적'이다. 아리스토텔레스에게 영혼은 살아 있는 것과 죽은 것을 가르는 특성으로 이해할 수 있다. 일체의 생명체들의 '생명 활동'이 곧 '영혼의 활동'이라는 말이다.

> 그렇다면 그것은 대체 무엇일까? 산다는 것은 심지어 식물에게까지 공통인 것으로 보이지만, 우리는 [인간에게만] 고유한 것을 찾고 있으니 말이다. 그러므로 영양을 섭취하고 성장하는 삶은 갈라내야 할 것이다. 다음으로는 감각을 동반하는 삶이 뒤따를 것이지만 이것 또한 분명 말과 소, 모든 동물에 공통되는 삶이다. 그렇다면 이제 남게 되는 것은 영혼의 부분 중 이성을 가진 것의 실천적 삶이다. (…) [따라서] 인간의 기능을 이성에 따른 영혼의 활동 혹은 이성이 없지 않은 영혼의 활동이라고 상정할 수 있을 것이다.(1권 7장)

식물이 영혼을 갖는 것은 식물이 생명 활동을 한다는 말과 같다. 마찬가지로 동물도 영혼을 갖는다. 식물은 뿌리로 영양분을 흡수하며 줄기와 잎으로 광합성 작용을 함으로써 생명 활동을 이어간다. 죽어 있는 동물에게는 없지만 살아 있는 동물이 가지는 특성은 감각 활동을 하며 욕구하는 대로 여기서 저기로 움직일 수 있다는 것이다. 아리스토텔레스는 식물의 기능을 '영양 섭취 능력'으로 규정하고 동물의 기능을 '감각하고 욕구하는 능력, 장소를 바꾸는 능력'으로 규정한다. 같은 방식으로 인간만이 할 수 있는 고유한 기능이자 활동은 '이성 능력'이다. 그런데 식물은 식물의 기능만 갖는 반면, 동물은 식물의 기능도 가지며, 인간은 식물과 동물의 기능도 갖는다. 인간은 식물의 '영양 섭취 능력', 동물의 '감각, 욕구 능력'도 가지만, 여기에 더해 인간에게 고유하게 주어진 '이성 능력'을 갖는다는 것이다. 죽은 몸만으로는 영양 섭취도, 감각이나 욕구 작용, 장소 운동도 할 수 없고, 이성을 통해 생각할 수도 없을 것이다. 인간은 세 생명체의 기능을 모두 가지지만, 그중에서도 인간만이 고유하게 할 수 있는 일은 '이성 작용'이다.

우리는 인간의 기능을 어떤 종류의 삶으로 규정하고, 이 삶을 다시 이성을 동반하는 영혼의 활동과 행위로 규정한다. 따라서 훌륭한 사람의 기능은 이것들을 잘, 그리고 훌륭하게 행하

이성 작용

'이성'은 '로고스(logos)'의 번역어다. 로고스는 같은 어근의 동사 '레게인(legein)'
이 '말하다'를 의미하는 데서 알 수 있듯, 일차적으로는 '말'이나 '말을 통해 전달된
것'을 의미하고, 보다 전문적으로는 '앞뒤가 맞는 말', '근거를 들어 설득할 수 있는
말' 혹은 '그럴 수 있는 능력' 등을 가리키고 '논리'나 '논증', '이성'을 의미한다. 그
래서 인간을 '이성'적 동물이자 '언어'를 가진 동물이라고 정의할 때, 이성과 언어
는 모두 '로고스'의 번역어. 통상 욕구나 욕망, 감정 등 비이성적인 부분과 구별
되는 이성적인 부분을 가리킨다.

는 것이다. 그래서 각각의 기능은 자신의 고유한 탁월성에 따
라 수행될 때 완성되는 것이다. [만약 그렇다고 한다면] 인간
적인 좋음은 탁월성(덕)에 따른 영혼의 활동일 것이다.(1권 7장)

그리고 이 기능을 가장 잘 발휘하는 상태로서의 '훌륭함(탁
월함)' 혹은 '잘 함'을 인간에게 적용할 때, 이를 '덕'이라고 부
른다. '덕'이란 인간만이 고유하게 수행할 수 있는, 인간 기능
의 훌륭하고 탁월한 상태다. 이성 능력의 탁월한 발휘를 통한
삶이 곧 덕을 발휘하는 삶, 덕에 일치하여 사는 삶이다. 그리
고 덕을 발휘하며 사는 삶이 인간으로서 인간의 '좋음'을 달성
하는 삶이다. 내가 유덕한 인간이 되어야 할 까닭은 덕이 바로
유적인 인간으로서의 '좋음'을 구성하는 핵심적인 요소가 되

기 때문이다. 인간의 '좋음'이 곧 '행복'이므로, '덕과 덕의 발휘'가 인간에게 가장 좋은 것이고, 인간이 행복하게 살기 위한 핵심적인 요소가 된다는 말이다. 다시 말해서 내가 나의 삶을 '좋은' 삶으로 만들기 위해서는 덕을 가진 상태에서 이 상태를 '훌륭하게' 그리고 '탁월하게' 발휘하면서 살아야 한다. 내가 유덕한 인간이 되면 나의 삶은 좋은 것이 되고, 나는 행복해진다. 행복을 구성하는 실질적 핵심 내용은 바로 덕과 덕의 발휘이다.

행복이란 무엇인가

'행복'의 원어인 '에우다이모니아(eudaimonia)'는 '주관의 만족감'이나 '즐거운 감정'과는 거리가 멀다. '에우다이모니아'는 어원상 '좋다'는 의미의 부사형 '에우(eu-)'와 신적인 존재나 힘을 의미하는 '다이몬(daimon)'의 합성어로, '신적 존재나 힘이 돌보는 좋은 상태'를 의미하는 에우다이모니아는, 주관적인 평가의 대상이 아니라 '객관적'으로 평가받을 수 있는 활동과 가깝다. 일상적인 행복이 보통 '각 개인이 자신의 삶을 어떻게 평가하고 얼마나 여기에 만족하는가에 따르는 주관적인 만족감', 즉 '즐거움(쾌락)'을 의미하는 것과 근본적으로 다르다고 할 수 있다. 아름다운 석양을 바라보며 "지금 너무 행복해"라고 하거나, "행복은 생각하기 나름이야"라고 할 때의 행복은 '행복한 감정 상태(행복감)'를 의미한다. 아리스토텔레스에 따르면, 심리적 기복에 따라 하루에도 몇 번씩 행복해지기를 반복하는 것은 참된 행복이 아니다. 어원을 따지자면 '(신적 존재가 돌보는) 복된 삶'쯤으로 번역하는 것이 가장 좋겠지만, 그의 행복 관념이 이와 같은 것도 아니다. 아리스토텔레스는 '행복'한 사람은 자기 생각에 맞춰 시간과 공간에 따라 달라지는 주관의 만족감이나 수호신 등에 의해 좌우되는 복스러운 삶을 살아가는 사람이 아니다. 그에게 행복은 객관적인 활동이자 성과다. 이런 점에서 행복은 아리스토텔레스에게 '잘 삶'이나 '잘 함'과 같은 것이 된다. 서양에서도 이 '에우다이모니아'를 행복으로 옮기는 데 주의하면서 '번영(wellfare)'이나 '성공(success)' 등으로 번역하자고 주장하는 학자들도 있다. 이렇듯 행복은 만족감, 기쁨, 즐거움 혹은 신이 주는 복된 삶이 아니라, 인간이 삶을 살아가면서 타인과의 관계 속에서 발휘할 수 있는 '활동'이자 '성과'다.

아리스토텔레스는 인간이 추구할 수 있는 최고의 좋음, 최고의 목적으로서의 행복을 '덕에 따르는 이성적인 활동'으로 정의한다. '덕에 따른다'는 것이 어떤 의미인지는 뒤에서 해명하기로 하고, 먼저 '인간의 이성적인 활동'을 두 가지 방향에서 고찰해보자. 인간이 이성을 가지고 생각하는 다양한 상황이 있다. 나는 수학 문제를 풀면서도 이성을 사용하지만, 주말에 봉사활동을 하러 갈지 말지를 고민하는 상황에서도 분명 이성을 사용한다. 그리고 이 두 종류의 이성은 아리스토텔레스가 보기에 작동 방식이 다른 두 종류의 이성이다.

먼저 순수하게 이성 기능만 발휘하는 능력이 있다. 수학 문제를 푸는 교실에서, 우주의 법칙을 고민하는 물리학자의 실험실에서 발휘되는 이성 능력은 실천과 직접적으로 무관하다. 그런데 이것 말고도 우리는 빵을 먹을지 밥을 먹을지 고민하고, 게임을 할지 공부를 할지, 화나는 일을 참아야 할지 말아야 할지 등 감정이나 욕구와 관련된 다양한 상황 속에서 고민할 때도 이성을 사용한다. 하지만 이때의 이성 능력은 순수한 이성의 작용이 아니라 '감정이나 욕구를 조절하는' 이성의 작용이다. 그래서 이 경우 이성을 제대로 발휘한다는 것은, 관련된 감정이나 욕구를 터뜨릴지 억누를지를 조절하고 통제한다는 것이다.

또한 이성과 관련된다는 점에서 이 두 가지 이성적인 활동 모두 아리스토텔레스에게는 덕에 따르는 인간의 활동이라는 공통점을 갖는다. 즉 우리가 잘 살기 위해서는, 좋은 삶을 영위하기 위해서는 순수하게 이성을 발휘해야 할 뿐만 아니라 감정이나 행위와 관련된 문제에서도 이성을 잘 사용해야 하는 것이다. 각각 이론이성, 실천이성이라 할 수 있겠는데, 『니코마코스 윤리학』에서는 욕구나 감정을 조절하는 실천이성을 설명하는 데 더 많은 비중을 할애한다.

잘못된 행복의 후보들

'행복'은 '최종적인 것'이어야 하며, '자족적인 것'이어야 한다. 그리고 그의 기능 논변을 통해 우리는 '덕에 따르는 인간 영혼의 이성적 활동'을 행복으로 정의했다. 행복의 정의를 마무리하면서, 통상 사람들이 생각할 수 있는 대표적인 행복의 후보들을 들어 두 가지 행복의 조건을 적용시켜보자. 대부분의 사람들은 각자가 생각하는 행복을 내세우면서, 아리스토텔레스의 행복의 정의를 마음에 들어하지 않을 것이다. 어떤 사람은 부자가 되는 것이 인생의 목적이라고 생각할 수 있고, 어떤 사람은 돈보다 그저 재미있게 살면 그만이라고 생각할 수도 있다. 또 어떤 사람은 자신이 속한 공동체에서 다른 이들로부터 인정받기 위해 모든 노력을 경주할 수도 있을 것이다. 아리스토텔레스는 이렇게 행복의 실질적 내용을 물으면 사람들은 통상 '부', '쾌락', '명예'를 추구하는 삶을 우선적으로 제시할 것이라고 말한다. 현대를 사는 우리에게도 낯설지 않은 항목들이다. 돈이 최고라는 사람이 있고, 재밌고 즐겁게 사는 것을 최고로 여기는 사람이 있는가 하면, 인기나 명성을 얻으려고 노력하는 사람도 있으니 말이다. 아리스토텔레스는 이것들 전부가 마땅히 추구해도 좋을 진정한 '행복'과는 거리가 멀다고 주장한다.

먼저 재산은 최고의 목적이 될 수 없다. 우리는 항상 '다른 무언가를 위해' 돈을 벌지, 돈 자체를 위해 돈을 벌지 않기 때문이다. 행복이 최종적인 것이라는 첫 번째 조건에 따르면, 행복은 그 자체로 또 다른 것을 목적으로 갖지 않아야 한다.

다음으로 그는 '명예'를 추구하는 사람은 항상 타인의 시선에 의존적일 수밖에 없다고 말한다. 명예란 어떤 공동체의 일원으로 공동체에게 이로움을 가져오고, 공동체의 위상을 대내외에 떨친 사람에게 주어진다. 올림픽이나 월드컵에서 국가를 대표하여 국위를 선양한 운동선수에게 보내는 존경과 감사의 마음이 명예이며, 전쟁터에서 목숨을 바쳐 국가를 지켜내는 군인에게 보내는 존경과 감사의 마음이 명예다. 하지만 명예는 참된 의미의 행복일 수 없다. 명예는 스스로 부여하는 것이 아니라, 다른 누군가가 명예롭다고 평가해주어야 하는 타인 의존적인 것이기 때문이다. 달리 말해서 명예의 '타인 의존성' 때문에 명예는 진정한 행복의 목록에서 배제된다. 나의 노력이 아니라 타인의 평가에 달린 것을 내가 추구해야 할 '행복'이라고 할 수는 없다. 나의 행복은 내가 할 수 있는 일, 나에게 달려 있는 일을 통해 주어져야 한다는 것이 아리스토텔레스의 생각이다. 게다가 명예로운 사람은 타인 의존적이라는 점만 뺀다면 '덕'을 가진 사람과 다를 게 없다. 우리는 덕을 가진 사람들에 대해서도 존경의 마음을 갖기 때문이다. 따라서 명예란 그가 가진 어떤 능력 때문에 그렇게 불리는 것으로, 결국 명예를 추구하려는 자가 '덕'을 가지고 있느냐와 관련된다는 것이다. 명예로운 삶 자체가 나쁘다는 것은 아니다. 유덕한 삶을 추구하면서 사회에 좋은 영향력을 행사할 때 행복한 사람이 되는 것이고, 이렇게 행복한 삶을 산 사람에게 명예가 주어지는 것은 나쁠 것이 없다. 다만 그가 최고의 목적으로서 추구하는 유덕한 삶을 통해 행복을 누린다면, 설사 여기에 부차적으로 명예가 주어지지 않았다고 해서 불행해지는 것은 아니라는 사실이다. 인간의 행복은 어디까지나 명예와 무관하게 인간적인 좋음으로서, 유덕한 삶을 산 사람에게 주어지는 것일 뿐이다.

마지막으로 '재미' 혹은 '즐거움(쾌락)'을 추구하는 삶에 대해서 아리스토텔레스는 그것이 육체적인 쾌락이라면 그런 삶은 동물에게나 어울리며, 그런 자는 욕망의 노예가 될 뿐이라고 비판한다. 그렇다고 해서 그가 쾌락적인 삶 자체를 거부하

즐거움

즐거움에는 육체적 즐거움도 있지만, 정신적 즐거움도 있다. 아리스토텔레스가 배제하는 것은 이 중에서 육체적 즐거움이고, 정신적 즐거움 자체는 그의 논의에서 매우 중요하게 작용한다. 아리스토텔레스에게 즐거움은 두 가지 측면에서 행복의 윤리학의 필수 주제다. 첫째, 덕과 악덕은 즐거움과 고통과 연관되어 설명된다. 어떤 대상에 대해서 어떤 방식으로 즐거움/고통을 느끼는가가 그 사람의 덕/악덕을 평가하는 중요한 표지가 된다. 둘째, 즐거움은 행복한 삶에 동반한다. 행복한 삶은 기본적으로 즐거운 삶으로 여겨진다. 다만 최종 목적은 즐거움이 아니라 행복한 삶에 두어야 한다.

는 것은 아니다. 쾌락에는 육체적인 쾌락 말고 정신적인 쾌락도 포함되기 때문이다. 진정한 행복을 누리는 사람, 즉 덕을 발휘하며 살아가는 인간은 부수적으로 이런 정신적인 쾌락을 동반하여 경험하게 된다고 그는 말한다. 예를 들어보자. 전쟁에 나가 목숨을 걸고 열심히 싸웠더니 승리한 것도 좋은데, 이 승리를 통해 안전해졌을 가족을 생각하니 말할 수 없는 만족감이 찾아왔다고 해보자. '승리의 기쁨'과 '만족감의 획득'은 그가 '용기를 발휘하여 군인으로서의 제 할 일을 해낸 것'과 같은 것이 아니다. 아리스토텔레스라면 이 사람이 행복한 것은 전쟁터에 나가 두려움 없이 군인으로서의 덕목인 용기를 발휘했기 때문이라고 말할 것이다. 그가 만족감을 얻은 것은 그의 행복에 부수적으로 따라온 것일 뿐이다. 이렇게 모든 행복에는 쾌락이 따른다. 그는 쾌락을 자신의 윤리학에 적극적으로 수용한다. 쾌락은 오히려 진정한 행복을 얻었는지를 판가름할 수 있는 기준이라고도 볼 수 있다. 누군가 행복하다고 하면서 즐겁지 않으면, 그는 진짜 행복에 이르지 못한 것이다. 행복한 자는 누구나 의식적으로든 무의식적으로든 즐거움이 동반하게 되어 있다. 이런 점에서 아리스토텔레스가 보는 행복에는 인간이 발휘할 수 있는 유덕한 삶이라는 객관적 측면과 더불어, 인간으로서 누릴 수 있는 최상의 즐거움을 경험한다는 주관적 측면이 공존한다는 점을 알 수 있다.

우연과 행복

지금까지의 논의를 통해 조금 더 살펴보자면, '돈'은 행복한 삶에 아무 도움이 되지 않는다고 주장하는 것은 아님을 알 수 있다. 아리스토텔레스는 소크라테스나 플라톤보다 훨씬 현실적인 철학자다. 그는 돈이 없는 것보다 있는 것이 행복에 더 많은 도움이 된다고 주장한다. 그가 이 문제를 다루기 위해 제시하는 단어가 '외적인 좋음'이다. '좋음'에는 외적인 좋음, 육체적인 좋음, 영혼의 좋음이 있다. 외적인 좋음은 엄격하게 말하자면 육체적인 좋음과 구분되지만, 외적인 좋음과 육체적인 좋음을 합쳐 넓은 의미의 '외적인 좋음'으로 규정하기도 한다. 외적 좋음에는 대표적으로 재산과 외모가 포함되는데, 이에 맞서는 영혼의 좋음이 바로 '덕'이다. 돈이 많을수록 행복할 가능성은 높아질 것이고, 타고난 멋진 외모 또한 행복하게 사는 데 더 많은 기회를 제공해줄 것이다. 아리스토텔레스는 돈이나 외모 같은 '외적인 좋음'들이 행복의 조건이 될 수 있음을, 아니 오히려 적극적으로 필요하다는 점을 부인하지 않는다.

> 행복은 명백히 추가적으로 외적인 좋음 또한 필요로 한다. 일정한 뒷받침이 없이 고귀한 일을 행한다는 것은 불가능하거나 쉽지 않기 때문이다. 우선 많은 일들은, 마치 도구를 통해 어떤 일을 수행하는 것처럼 친구들을 통해, 또 부와 정치적 힘을 통해 수행되기 때문이다. 또 이를테면 좋은 태생, 훌륭한 자식, 준수한 용모와 같이 그것의 결여가 지극한 복에 흠집을 내는 것들이 있다. 용모가 아주 추하거나 좋지 않은 태생이거나, 자식 없이 혼자 사는 사람은 온전히 행복하다고 하기 어려우며, 더 어렵기는 아마도 아주 나쁜 친구와 나쁜 자식들만 있는 사람, 혹은 좋은 친구와 자식들이 있었지만 지금은 죽어

서 없는 사람일 것이다. 그래서 행복은 우리가 말한 바와 같이 이런 종류의 순조로운 수급을 추가적으로 요구하는 것 같다. 바로 이런 까닭에 다른 사람들은 덕(탁월성)을 행복과 동일시하지만, 어떤 사람들은 '운이 좋음'을 행복과 동일시하는 것이다.(1권 8장)

외적 좋음이 없는 것보다 있는 것이 행복할 가능성이 높다는 것은 이상주의적 금욕주의자가 아니라면 부정하기 힘들다. 그러니까 아리스토텔레스는 노골적으로 외적 좋음이 행복한 삶에 방해가 된다고 생각하는 금욕주의자들과는 궤를 달리하는, 현실적이고 인간적인 모습을 보인다. 돈을 적극적으로 인정하면 수치스러워하거나 저평가할 수 있지만, 그렇다고 돈을 부정하면 자기모순에 빠지는 것이 인간의 삶이다. 이렇게 외적 좋음은 실제 우리 삶의 현장에서 많은 부분들을 결정하는 힘을 갖는다. 외적 좋음은 보다 많은 기회를 제공한다. 돈이 있어야 배울 수 있고, 여행의 여유도 누릴 수 있다. 또한 무엇보다 돈이 있어야 도움을 필요로 하는 이웃을 도와줄 수 있고, 기부도 할 수 있는 것 아닌가? 돈이 없다면 우리는 마음의 안정을 찾지 못한 채 불안한 삶을 살아야 하고, 유덕한 삶은 그만큼 멀어질 것이다.

그러나 돈이든 외모든 외적 좋음이 행복하게 사는 데 도움이 될 수 있지만, 문제는 돈만 있다고 저절로 행복해지는 것은 아니라는 점이다. 아리스토텔레스가 이 지점에서 주목하는 것은 외적 좋음들이 갖는 '우연성'이다. 흙수저로 태어나서는 재벌이 되기 힘들다. 그런데 누구는 금수저로 태어나고 누구는 흙수저로 태어나는 것은 나의 노력에 달린 일이 아니다. 가지고 있던 재산을 늘리거나 유지하는 것도 노력만으로 가능하지 않다. 삶에는 매순간 불운이 개입할 수 있고, 그래서 확실하지 않다. 하루아침에 길거리에 나앉을 수도, 로또에 당첨되어 부자의 반열에 들 수 있는 것도 인간의 삶이다. '우연'적인 것들은 행복한 삶의 필수 구성요소로 인정하기가 힘들다. 아리스토텔레스가 행복을 유덕한 인간의 이성적인 활동으로 정의할 때 염두에 두던 삶의 방식과 내가 어쩌지 못하는 우연적인 것들을 행복의 구성요소로 포함하는 삶의 방식을 조화시키기 쉽지 않기 때문이다.

> 인간적 삶은 다만 이런 것들(=외적 좋음들)을 추가적으로 필요로 할 뿐이며, 행복에 결정적인 것은 덕에 따르는 활동이고, 그 반대의 활동은 불행에 결정적이기 때문이다.(1권 10장)

정리하면 아리스토텔레스의 입장은 이렇다. 외적 좋음은 많으면 많을수록 행복한 삶에 도움이 되기는 하지만, 외적 좋음이 갖춰지지 않는다고 해서 행복하기가 불가능하지 않다. 그리고 여기서 행복에 본질적인 것은 물론 영혼의 좋음으로서의 덕이지 외적 좋음은 아니다.

아리스토텔레스는 행복하게 살기 위해서는 덕을 발휘하려는 의식적인 노력이 중요하다고 생각한다. 행복은 운이 좋았던 한 번의 기회를 통해 획득되는 것이 아니라, 하루하루 덕을 발휘하려는 꾸준한 노력으로 달성되는 것이라고 보았다. "한 마리 제비가 날아왔다고 해서 봄이 오는 것은 아니다." 우연이 개입된 한두 번의 행운이 삶을 행복한 것으로 만들지 않는다. 행복하기 위해서는 덕을 갖추려는 의식적인 노력이 필요하며, 이와 더불어 갖추어진 덕을 발휘하려는 또 다른 방식의 의식적인 노력이 필요하다.

덕과 중용

덕의 두 종류

인간은 이성을 갖는다는 점에서 여타 생물들과 구분되며, 인간만이 잘할 수 있는 일은 이성 능력을 발휘하는 데서 드러난다. 이성 능력은 이론이성의 능력과 실천이성의 능력으로 구분된다. 순수하게 이성적 능력을 발휘할 때 필요한 것은 이론이성이고, 비이성적 욕구를 올바르게 발휘할 때 사용되는 이성 능력이 실천이성이다. 두 종류 이성 능력의 가장 훌륭하고 가장 훌륭한 상태가 바로 '덕'이며, 이성 능력의 종류에 따라 덕

지성적 덕

지성과 이성은 크게 다르지 않다. 다만 이론이성과 실천이성의 구분에서, 지성은
이론이성과 직접 관련되는 영혼의 능력을 가리킨다. 여기에는 '학문적 지식', '기
예', '실천적 지혜', '직관', '철학적 지혜'의 다섯 가지 덕목이 포함된다. 인간의 윤리
적 삶에 초점을 맞춘 관계로, '실천적 지혜'를 제외하고는 자세히 다루지 않는다.

도 둘로 구분된다. 이론이성과 관련해서 발휘된 훌륭한 상태를
'지성적 덕'이라고 부르고, 실천이성을 통해 감정과 욕망을 적
절하게 조절하고 통제할 때 발휘되는 훌륭한 상태를 '성격적
덕'이라고 부른다.

　인간만이 할 수 있는 고유한 활동은 욕망과 무관하게 이성
능력을 순수하게 사용하는 데서 발현될 수도 있지만, 욕망을
올바로 조절하고 통제하는 데서 발현될 수도 있다. '욕망'이란
동물적 능력이어서, 욕망을 배제한 이성 능력의 사용만이 인간
의 고유한 활동이 아닐까 의심할 수도 있을 것이다. 하지만 동
물들은 말 그대로 욕망을 참거나 미래를 위해 지금 당장의 먹
이를 포기하거나 나누는 선택을 하지 못한다. 인간만이 실천이
성을 발휘하여 욕망을 조절하고 통제할 수 있다는 점에서, 인
간의 고유한 활동에는 '성격적 덕'이 포함되는 것이다. 비이성
적 욕구와 관련해서 인간은 다른 동물들과 달리 이 비이성적

· Concept Word ·

성격적 덕

성격적 덕은 윤리적 덕으로 옮길 수도 있다. 아리스토텔레스가 들고 있는 성격적 덕목에는 '용기', '절제', '온화', '진실됨', '친애', '수치심' 등이 포함된다. 모두 감정과 욕망에 대처하는 인간 성격의 다양한 측면들로, '습관'을 통해 획득된다.

욕구를 '제어'하고 '통제'할 수 있다. 그리고 바로 이 점에서 비이성적 욕구는 인간의 고유한 능력과 관련된다. 비이성적 욕구가 이성과 협력할 때, 다른 말로 이성의 명령과 조화를 이룰 때, 인간은 삶 속에서 덕을 발휘할 수 있다. 용기를 발휘하기 위해서는 두려움의 감정을 통제해야 하고, 절제하기 위해서는 쾌락을 향한 욕망을 다스려야 하는 것이다.

덕의 습득 방법: 습관과 교육

두 종류의 덕은 획득되는 방식도 다르다. 지성적 덕이 주로 '배움'으로부터 생겨나는 데 반해, 성격적 덕은 '습관'의 소산이다. 교사가 전문 지식을 말이나 글로 가르치듯, 지적인 덕은 흔히 일반적인 교육을 통해 생겨난다. 선생님에게서 수학을 배우고, 책을 읽고 고민하면서 스스로 지식을 습득할 때 획득되는 것이 지적인 덕이다.

반면 성격적 덕은 배우고 싶은 것이 있을 때, 이를 실제로 반복해서 실행함으로써 생겨난다. 성격적 덕을 획득하는 방법은 '습관'이다. 정의로운 일을 반복하다 보면 정의라는 덕을 갖춘 정의로운 사람이 되는 것이다. 절제, 용기 등 여러 성격적 덕목들을 획득하는 방법도 마찬가지로 '습관'을 통해서다. 어렸을 적부터 동일한 유형의 행위를 여러 번 반복하여 익히면, 일관되고 지속적으로 그에 해당되는 성격적 덕이 습득된다. 평소에 공포 영화 감상을 두려워하던 사람이 딱 한 번 두려움을 극복하고 영화 감상을 마쳤다 해서 그가 '용기' 있는 사람이 될 수는 없다.

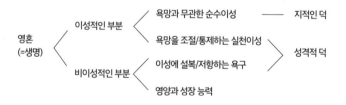

(우리에게 자연적으로 생기는 모든 것들의 경우 우리는 먼저 그것들의 능력을 얻고 나중에 그 활동을 발휘한다. 이것은 감각의 경우를 보면 분명하다. 우리는 자주 봄으로써 시각을 획득하거나 자주 들음으

로써 청각을 획득한 것이 아니라 오히려 그 반대로 감각 능력을 가지고서 사용하기 시작한 것이지, 사용함으로써 가지기 시작한 것은 아니기 때문이다.) 우리가 (성격적) 덕을 획득하게 되는 것은, 여러 기술들의 경우와 마찬가지로 먼저 발휘됨으로써 얻게 되는 것이다. 어떤 것을 어떻게 만들어야 하는지 배우는 사람은 그것을 만들어봄으로써 배우기 때문이다. 가령 건축가는 집을 지어봄으로써 건축가가 되며, 기타라 연주자는 기타라를 연주함으로써 기타라 연주자가 되는 것처럼 말이다. 그러니 이렇게 정의로운 일들을 행함으로써 우리는 정의로운 사람이 되며, 절제 있는 일들을 행함으로써 절제 있는 사람이 되고, 용감한 일들을 행함으로써 용감한 사람이 된다.(2권 1장)

습관을 통해 성격적 덕을 갖출 수 있다는 것이 아리스토텔레스의 입장이지만, 덕을 갖추고 태어나는 사람도 있지 않을까? 우리 주위에는 남이 가르쳐주거나 한 적이 없음에도 용감한 사람이 있고, 주위 사람을 돕는 데 타고난 사람도 있으며, 태어나서 단 한 번도 나쁜 짓이라고는 해본 적 없을 것 같은 사람도 있으니 말이다. 이들이 윤리적 덕목을 갖춘 사람으로 보이는 이유는 유덕한 행위를 반복함으로써 그런 사람이 된 게 아니라, 원래 그런 사람처럼 보일 수 있기 때문이다. 만일 그렇다면 성격적 덕을 획득하기 위한 방법으로 습관이 아니라 타고난 본성이 더 중요할 수도 있을 것이다. 아리스토텔레스는 이에 대해 성격적 덕목들에 관한 한 본성적으로 그것들을 가지고 태어나는 사람은 없다고 단언한다.

무언가를 본성상 타고난다는 것은 해당 본성을 그 소유자로부터 떼어놓을 수 없다는 말과 같다. 다시 말해서 소유자가 가진 본성과 다른 방향으로 바꿀 수 없다는 말이 된다. 꽃을 예로 들어보자. 꽃은 본성상 아래로 뿌리를 내려 땅 속에서 영양분을 흡수하는 존재다. 뿌리를 아래로 내린다는 꽃의 특성은 꽃이 노력해서 얻은 것이 아니라, 원래부터 그렇게 만들어진 것이다. 그래서 꽃에 어떤 작용을 가하더라도 뿌리를 아래로 내린다는 특성을 바꿀 수 없다. 지상의 모든 물체는 일정한 질량을 가지고 중력의 영향을 받는다. 돌은 아래로 떨어지고 수증기는 위로 올라간다. 하지만 돌더러 그만 떨어지고 위로 올라가라고 아무리 훈련을 시킨다 한들 돌 혼자 위로 올라가게 할 수는 없다. 중력의 영향을 받는다는 건 질량을 가진 모든 물체가 본성상 갖고 태어난 특징이기 때문이다.

반면 성격적 덕목들은 이런 것들과는 다르다. 타고난 악당도 이런저런 계기를 통해 성인군자로 바뀔 수 있다. 전쟁터에 처음 나간 군인은 용기가 부족할 수밖에 없고 그래서 돌격 명령에도 두려움에 굴복할 가능성이 크지만, 여러 번 돌격 명령을 따르다 보면 용기를 획득하여 용감한 사람이 될 수 있는 것이다. 용기라는 성격적 덕이 타고난 본성이라는 말은 용기를 가지고 있는 사람은 무슨 수를 써도 겁쟁이로 만들 수 없다는 말이 된다. 본래 조그만 일에도 수줍어하던 사람이나 분노조절 장애가 있는 사람도, 반복된 훈련을 통해 외향적이거나 참을성 있는 사람이 될 수 있다. 이 점이 바로 성격적 덕이 본성에 의한 것이 아니라 습관에 의한 것이라는 의미다. 성격적 덕목들이 선천적 능력이 아니라 후천적 노력의 결과라는 점은 아리스토텔레스가 성격적 덕을 '정의(definition)'할 때 다시 한번 중요하게 작용한다.

성격과 윤리

'성격'과 '윤리'는 그리스어 '에토스(ēthos)'를 다르게 번역한 것이다. 성격은 비이성적 욕구와 관련된 마음의 상태로, 욕구에 올바르게 반응하는 사람이 좋은 성격을 가진 사람이고, 그렇지 못한 사람이 나쁜 성격을 가진 사람이 되는 것이다. 그리고 좋은 성격을 가진 사람이 되기 위해서는 인간의 고유한 기능인 이성 능력을 욕구와 관련해서 훌륭하게 발휘해야 한다. 욕망이나 감정이 적정 수준을 벗어나지 않도록, 이성이 욕구를 적절하게 조절하고 통제할 수 있는 성격을 만들어야 하는 것이다.

품성이 훌륭한 사람이 윤리적으로 훌륭한 사람이라는 것은 상식에 가까운 말이다. 그런 사람을 윤리적이라고 하지 않는다면, 도대체 어떤 사람을 '윤리적'이라고 부를 수 있겠는가? 하지만 아리스토텔레스의 윤리학을 벗어나면 이야기가 달라질 수 있다. 책의 앞 부분에서 설명한 것처럼 근현대 윤리학의 커다란 두 축인 결과론과 의무론에 따르면, '윤리적'이라는 평가는 다음 기준에 의해 내려진다. 의무론에 따르면, 윤리적이냐 아니냐의 기준은 '행위자'가 아니라 '행위'에 달려 있다. 아무리 나쁜 성격을 가지고 있는 '행위자'라 하더라도 그가 단 한 번의 '행위'를 규칙에 맞게 우연히 행한다면, 윤리적인 사람이 된다. 또한 결과론에 따르면, 윤리적이냐 아니냐의 기준은 '행위자'가 아니라 '행위의 결과'에 달려 있다. 아무리 나쁜 행위자라 해도 우연히 '행위의 결과'가 다수에게 이로운 것이었다면, 그는 윤리적인 사람이 되는 것이다.

'행위자', 다시 말해 '행위자의 성격'을 중시한다는 점에서 고대 그리스의 윤리학이 현대에 와서 주목받고 있다. 행위자의 성격은 덕 있는 행위들을 습관적으로 실행하다 보면 만들어지는 것이지, 한두 번의 덕 있는 행위를 통해 만들어지지 않는다. 다시 말해서 윤리적인 사람이 되기 위해서는 반복된 습관화 교육을 통해 좋은 성격을 갖추는 것이 필요하지, 한두 번의 칭찬받는 행위로 얻어지는 것이 아니다.

성격적 덕의 정의

아리스토텔레스는 덕을 '중용의 성품(태도)'으로 정의한다. 따라서 아리스토텔레스의 덕이 무엇인지를 이해하기 위해서는 '중용'은 무엇이고 '성품(태도)'은 무엇인지를 이해하는 것이 필수적이다. 이 둘 각각을 이해하기 전에, 먼저 '정의' 자체를 살펴보도록 하자. 아리스토텔레스는 어떤 사물(편의상 X라고 하자)을 정의할 때 '종의 차이 + 최근류(最近類)'의 공식을 사용한다. 종의 차이와 유를 정의로 정착시킨 최초의 철학자가 아리스토텔레스다.

예를 들어 '코끼리'를 정의한다고 하고, 먼저 코끼리의 '최근류'가 무엇일지 생각해보자. 코끼리를 포함하는 보다 상위의 개념을 제시한다. 코끼리는 동물에 포함된다. 그러므로 동물이

성품(태도)

'헥시스(hexis)'의 번역어다. 헥시스는 성질 범주 중 하나로, '더 지속적이고, 더 오래가는' 성질을 가리킨다. 윤리학이나 정치학 같은 실천철학적 저술에서는 '습관을 통해 인간 내면에 굳어진 성질'로 통상 '성품'이나 '품성 상태', '습성'으로 옮긴다. 문맥상 인간이 수동적으로 겪게 되는 감정이나 외부 자극에 대해 일관된 방식으로 반응하는 '태도'나 '반응'을 가리킨다. 덕이 있는 사람이라면 두려움의 감정에 대해 중용의 '태도'를 취할 수도 있고, 그러지 않고 극단적인 '태도'를 취할 수도 있을 것이다. 다양한 상황에서 다양하게 번역되는 단어이긴 하지만 문맥에 맞춰 '성품'이나 '태도'로 옮겼다.

코끼리의 상위 개념이 되는데, 동물에는 코끼리는 물론이고 사자, 기린도 포함된다. 이때 동물이 코끼리, 사자, 기린의 '유(類)'가 된다. 이때 '유'는 '부류'나 '종류'를 의미한다. 기린의 '유'도 동물이며, 사자의 '유'도, 사람의 '유'도 모두 동물이다. 이렇게 '유'를 구분해준다는 것은 '유'를 통해 'X를 포함하는 상위 개념' 하나를 잡아서 X의 범위를 먼저 확정하기 위한 것이다. (물론 동물보다 상위에 있는 '생물'도 코끼리의 '유'가 될 수 있다. 코끼리보다 넓은 개념들은 모두 코끼리의 '유'가 될 수 있기 때문이다. '동물'도 '생물'도 코끼리의 '유'이다. 하지만 생물보다는 동물이 코끼리의 범위를 보다 정확하게 규정한다는 점에서, 코끼리에 보다 가까운 '유'인 동물을 정의에서 사용하는 것이다. 그래서 아리스토텔레스는 정의에서는 '가장 가까운 유(最近類)'를 사용해야 한다고 말한다.)

그다음으로는 일체의 동물들 중에서 코끼리는 가지지만 다른 동물들은 가지지 않는, '코끼리의 고유한 특징'을 제시하는 것이다. 여기까지 확정하면 정의가 완성된다. 그런데 이때 '고유한 특징'을 '종의 차이'라고 한다. 코끼리와 기린은 둘 다 동물이라는 점에서 구분할 수 없으니, '코끼리의 고유한 특징'을 제시해서 코끼리의 범위를 정확하게 확정하기 위해서다. 코끼리의 '고유한 특징'이자 다른 종들은 갖지 않는 특징은 '코가 길다'는 것이다. 이제 코끼리를 공식에 따라 정의할 수 있게 되었다. 바로 종의 차이로서 '코가 길다'는 특징을 유로서의 '동물'과 결합하는 것이다.

우리는 코끼리를 '코가 긴 동물'이라고 정의한다. '코가 긴 것'이라고 해도 충분히 코끼리를 설명할 수 있고, 그래서 둘 중에는 '차이'가 더 중요하지만, '유'를 통해 최소한 코끼리가 어느 범위 안에 포함되는 것인지 제시해주는 것이 필요하다. 같은 방식으로 대부분의 동물들과 사물들을 정의할 수 있다. 기린은 '목이 긴 동물'이고, 주전자는 '물을 담거나 데울 수 있게 만든 그릇'이며, 책상은 '그 위에서 책을 읽거나 글을 쓸 수 있는 상'이다. 이렇게 '인간'도 정의할 수 있다. '언어를 사용하는 동물'이라거나 '정치적인 동물'이라는 정의는 이렇게 생겨난 것이다. 인간도 코끼리나 기린과 똑같이 '동물'을 유로서 가지는데, 다른 동물은 가지지 않지만 인간만 가지고 있는 것은 '언어'나 '정치' 혹은 '이성'을 가졌다는 사실이다.

이제 이 정의의 공식을 가지고 성격적 덕의 정의인 '중용의 태도(성품)'를 살펴보자. 먼저 성격적 덕은 인간만이 가질 수 있는 영혼의 상태들 중 하나다. 이 영혼의 상태들에는 '본성', '감정', '태도(성품)'가 포함된다고 아리스토텔레스는 말한다. 앞서 살펴본 대로 인간 영혼의 성격적 덕은 선천적으로 타고난 본성이 아니다. 꽃이 땅속으로 뿌리를 내리고, 돌이 아래로 떨어지며, 수증기가 위로 올라가는 것은 각각의 사물이 자신의 특징을 본성으로 가지기 때문이다. 본성은 인위적 노력을 통해 바뀌지 않는다. 또한 영혼의 상태들 중 하나인 '감정'은 인간이 그 발생 자체에는 관여할 수 없다. 불의한 일을 보았을 때 '분노'라는 감정이 생기고, 싫어하는 사람을 보고 '미움'의 감정이 생기는 것은 인간이 인간인 한 너무 자연스러운 현상이다. 감정의 발생은 인간이 취사선택할 수 있는 것도 아니고, 갖기 싫다고 해서 안 가질 수 있는 것도 아니다. 이런 감정들의 발생이야말로 인간의 한계라고도 할 수 있다. 중요한 것은 이렇게 저절로 생겨나는 '감정'에 대해 어떤 '태도'를 취하느냐는 것이다. 생겨나는 감정은 어쩔 수 없어도, 감정에 대한 '태도'만큼은 행위 주체가 어떻게 할 수 있다. 그렇게 본다면 영혼의 상태들 중 '본성'과 '감정'은 둘 다 그 발생이 선천적이라고 할 수 있다. 후천적인 노력에 의해 바꿀 수 있는 것이 아니다. 인간이라면 어쩔 수 없이 갖추고 있거나 생길 수밖에 없는 것들이다.

따라서 성격적 덕은 영혼의 세 가지 상태들 중에서 '성품(태도)'에 속한다. 영혼이 나와 무관하게 생겨나는 감정이나 외부의 자극에 대해 어떤 '태도'를 취하느냐는 후천적으로 결정되는 것이기 때문이다. 공포 영화를 보고 두려움이라는 감정이 생기는 건 어쩔 수 없지만, 이 두려움이라는 감정에 대해서 '의연한 태도'를 취할 수도 있고 '겁쟁이 같은 태도'를 취할 수도 있다. 동료가 불의한 대우를 받는 것을 보고 '노여움'이나 '화'라는 감정이 생기는 것은 어쩔 수 없지만, 이 감정에 대해 '온화'한 태도를 취할 수도 있고 대책 없이 '성마른' 태도를 취할 수도 있는 것이다. 그리고 어떤 태도를 취하는 사람이 되느냐, 다시 말해 좋은 사람이 되느냐 나쁜 사람이 되느냐는 감정이나 외부 자극에 대한 반복된 훈련을 통해, 후천적인 노력을 통해 결정된다. '태도'는 '어떤 상황이나 사건에 대해 반응하는 마음가짐'이다. 이렇게 성격적 덕을 정의하는 일차 관문을 통과했다. 성격적 덕은 인간 영혼의 다양한 상태들 중에서 '성품(태도)'이라는 '유'에 포함된다.

'유'가 결정되었으니 이제 '(종의) 차이'를 결정해보자. 아리

감정이나 외부의 자극

그리스어 '파토스(pathos)'의 번역어다. 파토스는 '감정을 포함해서 외부의 자극을
겪는 상태 일반'을 가리킨다. 그래서 '겪음'이라고 할 수 있다. 또한 우리가 수동적
으로 겪는 모든 것을 가리키기 때문에 '경험'으로 옮길 수도 있다. 이 책에서는 '감
정', '자극', '경험'으로 문맥에 따라 사용했지만, 모두 같은 한 단어의 번역어다.

스토텔레스가 성격적 덕을 정의하기 위해 선택한 '차이'는 '중
용과 관련된다'는 것이다. 여러 태도들 중에서 다른 태도들은
가지지 않고 성격적 덕이 '고유하게 가지는 차이'이자, 성격적
덕의 '본질적 특징'으로 제시하는 것이 바로 '중용과 관련된
다'는 것이다. 그래서 성품(태도)이라는 '유'와 중용과 관련된다
는 '차이'를 결합하면, 성격적 덕이란 '중용과 관련된 성품(태
도)' 혹은 '중용의 성품(태도)'으로 정의된다.

성품(태도)과 중용

성격적 덕은 '중용과 관련된 성품(태도)'이다. 성격적 덕은
감정이나 외부 자극에 대한 중용적 태도로, 이때 '감정이나 외
부 자극'은 나의 의도나 마음과 무관하게 주어진다. 따라서 내

가 좋은 사람인지, 나쁜 사람인지를 결정하는 것은 나에게 어떤 감정이 생겼느냐가 아니라, 감정에 대해 어떤 '태도'를 취하느냐로 결정된다. 화나고, 무섭고, 짜증이 밀려오는 것은 내가 어떻게 할 수 있는 것이 아니다. 우리가 좋은 사람인 것은, 그리고 내가 훌륭한 삶의 태도를 보인다는 것은 밀려오는 감정의 파고와 외부 자극에 맞서 어떻게 하면 '적절한' 반응을 하는지, 그래서 어떻게 하면 '중용의 태도'를 취할 수 있는지에 달려 있다.

감정에는 욕망, 분노, 두려움, 대담함, 시기, 기쁨, 친애, 미움, 갈망, 시샘, 연민 등이 있는데, 이것들은 일반적으로 즐거움이나 괴로움을 동반하기 마련이다. 그래서 내가 감정에 대해 어떤 태도를 취하는 사람인지 알 수 있는 한 가지 방법은 즐거움과 괴로움에 어떤 태도를 취하는 사람인지를 들여다보는 것이다. 어떤 사람의 감정과 외부 자극에 대한 태도, 다시 말해 그 사람의 선택과 행위에 뒤따르는 즐거움과 괴로움을 통해 우리는 그 사람의 성격적 덕이 어떠한지를 판단할 수 있다. 무섭고 두려운 감정을 견뎌내는 태도에서 즐거움을 느끼지만 아무런 괴로움도 느끼지 않는 사람은 용기 있는 사람이고, 이런 감정을 견뎌내지 못해 괴로워하면서 뒤로 물러서는 사람은 비겁한 사람이다. 잘못된 태도를 취할 때 즐거움을 느끼고 올바른 태도를 취할 때 괴로움을 느끼는 사람은 악덕을 가진 사람이고, 반대로 올바른 선택과 행위에서 즐거움을 느끼고 잘못된 선택과 행위에서 괴로움을 느끼는 사람은 덕을 가진 사람이다.

아리스토텔레스가 현실주의자인 한 가지 이유는 '즐거움(=쾌락)'이라는 감정을 무조건 배척하지 않는다는 것이다. 그는 마땅히 즐거워해야 할 일에 즐거워하는 것은 덕을 갖춘 사람의 징표라고도 말하지 않는가? 그래서 우리는 어려서부터 마땅히 즐거운 일에 즐거워하고, 마땅히 괴로운 일에 괴로워하는 '습관'을 들여야 한다. 나쁜 사람을 처벌하는 이유는 마땅히 즐거워해야 할 일에서는 괴로움을 느끼고, 마땅히 괴로워해야 할 일에서는 즐거움을 느끼는 범죄자들의 성격을 교정하기 위한 것이다. 아리스토텔레스는 처벌이란 나쁜 사람을 치료하는 일이라고 말한다. 범죄자가 즐거워하던 행위가 공공선의 관점에서는 마땅히 괴로움을 주는 행위임을 깨닫게 하고, 하기 싫고 괴로워하던 일이 실상 즐거워해야 하는 일임을 처벌을 통해 알려주는 것이다. 우리가 더 좋은 사람이 되거나 더 나쁜 사람이 되는 것은 그래서 즐거움과 고통에 대해 어떤 태도를 취하느냐에 달려 있다.

성격적 덕을 갖춘 인간은 두려움, 시기, 질투, 분노 등의 감정, 말하자면 비이성적 욕구를 이성의 명령에 잘 복속시키는 사람이다. 이성과 비이성적 욕구가 적절한 방식으로 협동하는 것, 이성이 비이성적 감정을 적절하게 조절하는 것은 덕을 갖춘 사람의 특징이다. 이성의 말을 듣지 않는 인간은 즐거움과 괴로움을 올바른 방향으로 지휘하지 못해 비이성적 욕망에 끌려 다니는 사람이고, 즐거움과 괴로움을 잘못된 방향으로 지나치게 추구하는 사람이다. 그리고 이때 올바른 방향은 한 방향이지만, 잘못된 방향은 두 방향의 구조를 갖는다. 우리가 즐거움과 괴로움을 수반하는 감정과 외부적 자극에 대해 올바른 태도를 취한다는 것은 지나치지도 모자라지도 않는 중간을 취한다는 말과 같다. 여기서 지나친 방향과 모자란 방향으로 태도를 취하는 사람은 악덕을 가진 사람, 중간의 태도를 취하는 사람은 덕을 가진 사람이다. 양극단을 향하는 게 아니라 중간을 취한 사람이 바로 '중용(mesotēs)'을 갖춘 사람이다.

아리스토텔레스는 예컨대 두려움이라는 감정에 대해 이성의 도움을 받아 적절한 태도를 취하지 못하고, 지나치게 두려워하거나 지나치게 두려워하지 않는 양극단의 사람을 악덕을 가진 자라고 말한다. 성격적 덕의 하나인 '용기'는 지나치게 두려워하지 않는 '무모함'과 지나치게 두려워하는 '비겁함' 사이의 중용이다. 또한 절제라는 덕은 지나치게 즐거움만을 추구하는 '무절제'와 전혀 쾌락에 반응하지 않는 '무감각' 사이의 중용이다. 덕은 두 개의 악덕들 사이에 위치하는 것이다.

아리스토텔레스는 '중용'을 "양쪽 끝에서 같은 거리에 있는 것"으로 규정한다. 그리고 양쪽 끝에서 같은 거리는 '대상에 있어서의 중간', 즉 '산술적 중간'이다. 만일 산술적 중간이 선택과 행위에 적용된다면, 정확히 절반을 선택하는 것이 중용이 된다. 이는 양끝으로부터 같은 거리의 '대상에 있어서의' 중간이다. 예를 들어 눈앞에 두 개의 빵이 있을 때, 절반인 빵 한 개를 먹는 것은 산술적 중간으로서의 중용을 선택하는 것이다. 하지만 빵 한 개는 어떤 이에게는 적고 어떤 이에게는 많을 수 있다. 다이어트 중인 사람에게 빵 한 개는 많은 양일 것이고 한 개보다 적게 먹는 것이 그 사람에게 적당한 양이다. 반면 체중을 불려야 하는 운동 선수라면 이야기가 달라진다. 그에게 빵 한 개는 너무 적은 양이다. 이렇게 상황 의존적으로 '적당한' 식사량이 달라질 수 있는 중간이 있는데, 이를 가리켜 아리스토텔레스는 '우리와의 관계에서의 중간'이라고 말한다. 이것이 아리스토텔레스가 성격적 덕의 정의에서 덕의 고유한 특징으로 제시하는 '중용'이다. 덕은 '산술적 중간'이 아니라 '우리와의 관계에서 성립하는' 중간을 의미하는 것이다. 우리가 삶 속에서 '중용'을 찾는 일은 대부분 상황 의존적이다. 누구의 태도인지, 어떤 상황에서의 태도인지에 따라 달라질 수 있는 '상대적인 중간'이기 때문이다. 아리스토텔레스는 중용을 "마땅히 그래야 할 때, 마땅히 그래야 할 일에 대해서, 마땅히 그래야 할 사람들에 대해서, 마땅히 그래야 할 목적으로 인해서, 마땅히 그래야 할 방식으로"(2권 6장) 비이성적 욕구와 감정을 이성에 복종시키는 것이라고 말한다. 덕을 갖춘 인간은 자신의 욕망을 적절한 선에서, 즉 중용의 상태에서 충족할 줄 아는 자이다. 탁월한 인간은 또한 자신의 두려움을 적절한 선에서 억제할 줄 아는 자이다. 탁월한 인간은 자부심, 수치심, 분함이나 억울함 등 자신의 모든 감정들에 올바르게 반응할 줄 아는 사람이다.

마땅히 화를 낼 만한 일에서 마땅히 화를 낼 만한 사람에게 화를 내는 사람은, 더 나아가 마땅한 방식으로, 마땅한 때, 마땅한 시간 동안 화를 내는 사람은 칭찬을 받는다. 그렇다면, 온화가 칭찬을 받는 것인 한, 이런 사람이 온화한 사람일 것이다. 온화한 사람은 동요가 없는 사람이며, 또 감정에 의해 휘둘리지 않고 이성이 명할 것처럼 그렇게, 화를 낼 만한 대상에 대해 화를 낼 시간 동안 화를 내는 사람이기 때문이다. 그러나 그는 [잘못을 한다면] 모자람의 방향으로 더 잘못을 하는 것으로 보인다. 온화한 사람은 보복을 하는 사람이라기보다 차라리 용서해주는 사람이니까.(4권 5장)

목적에 이르는 과정: 숙고와 합리적 선택

사람은 살면서 매 순간 다양한 선택 상황에 놓이게 된다. 예를 들어 우리는 더 좋은 성적을 받기 위해 교과서로 공부할지, 동영상 강의를 들을지, 문제집을 풀지 선택하기 전에 고민의 과정을 거친다. 이 중에서 어떤 수단을 선택할 것인가? 각 선택지의 장단점을 '고민'해본 후 우리는 이 중 하나를 '선택'하고, 선택한 대로 '실행'한다. 이 과정을 세 단계로 나누어 설명해보자.

먼저 우리는 어떻게 하면 목적을 가장 효과적으로 달성할 수 있을지 '고민'한다. 이 고민의 단계가 바로 '숙고(bouleusis)'다. 그래서 목적은 정해져 있고, 목적에 이르는 가장 효과적인 수단을 선택하는 숙고의 단계는 목적 자체에 대한 것이 아니라 목적에 효과적으로 이르는 수단에 대한 것이다. 어떤 방법으로 공부해야 좋은 점수를 받을 수 있을지 숙고할 때, 목적이 되는 '좋은 성적'이나 '높은 점수' 자체는 정해져 있는 것이다. 둘째 숙고를 마쳤다는 것은 주어진 선택지들 중에서 가장 효과적인 수단 하나를 '결정'했다는 것이다. 그리고 아리스토텔레스는 이 '결정'을 '합리적 선택(prohairesis)'이라고 말한다. 어떤 수단이 효과적일지 '결정'했다는 것은 주어진 선택지들 중에서 가장 효과적인 것을 '합리적으로 선택'했다는 말과 같다. 마지막으로 이렇게 최선의 수단을 합리적으로 선택한 사람은 이를 '실행'에 옮긴다. 동영상 강의를 듣기로 결정한 사람은 컴퓨터를 켤 것이고, 문제집으로 공부하기를 선택한 사람은 문제집을 펼칠 것이다. 종합적으로 말하자면 '숙고'는 '합리적 선택(결정)'으로 이어지고, '합리적 선택'은 '행위'로 이어진다.

이렇게 우리에게 달려 있는 다양한 선택 상황들은 따지고 보면, 목적 자체를 고민하는 상황이라기보다 목적에 이르는 수단을 고민하는 상황들이다. 아리스토텔레스에게 그 자체 최고 좋음으로서의 행복에 대한 태도는 우리 안에 습관을 통해 체화되어 있는 것이지, 매순간 상황에 따라 달라지는 것이 아니다. 삶을 뒤흔들 결정적 계기들이 갑자기 튀어나오는 상황이라면 모를까, 대부분의 경우에는 내가 생각하는 행복의 내용 자체에 대해서는 좀처럼 고민하지 않는다. 나에게 1천만 원의 여유 자금이 들어왔다고 해보자. 평소에 돈을 인생의 목적으로 생각하던 사람은 이 자금으로 기부를 할지, 쾌락을 추구할지, 주식 투자를 할지 숙고하지 않는다. 그의 삶의 목적은 정해져 있는 것이고, 어떤 방법을 써야 1천만 원의 자금으로 더 많은 돈을 불릴지를 숙고할 것이다. 금리가 높게 형성되어 있다면 예금을 고민해볼 것이고, 주가가 상승하고 있다면 주식 투자를 고민해볼 것이다. 이것들은 정해져 있는 목적에 이르는 수단을 '숙고'하는 과정이다. 이렇게 우리는 삶의 목적 자체에 많은 시간을 들여 고민하지 않는다. 이는 내가 평소에 어떤 사람이었느냐로 결정되는 것이다. 물론 목적 자체를 고민할 때가 있다. 평소에는 돈이 최고라고 생각하던 사람도 친한 친구의 죽음이나 인생을 좌우할 책을 읽으면서 삶 자체의 목적을 고민할 수 있다. 아리스토텔레스에게 삶의 목적은 덕을 발휘하면서 사는 삶이고, 이는 타인과의 관계 속에서 좋은 사람으로 살아가는 것이다. 우리 삶 속에서 실천이성이 필요한 단계는 오히려 정해진 목적을 어떤 '수단이나 방법'을 통해 달성할 수 있을지 고민하는 '숙고'와 '합리적 선택'의 단계이다.

덕을 갖춘 사람도 '숙고'와 '합리적 선택'의 과정을 거쳐 유덕한 행위를 한다. 적절한 숙고를 통한 합리적 선택을 하는 전 과정을 관장하는 이성을 아리스토텔레스는 '실천적 지혜(phronesis)'라고 부른다. 그래서 실천적 지혜라는 지성적 덕을 갖추고 있는 사람은 비이성적 욕구나 감정에 대해 양극단의 태도를 취하지 않고 중용에 입각한 태도를 취하는 사람이다. 성격적 덕은 실천적 지혜와 분리될 수 없으며, 각각의 덕목들은 실천적 지혜에 종속되어 있다고 할 수 있다.

'실천적 지혜'가 발휘되는 단계는 어떤 목적을 주어진 상황에서 실현해낼 수 있는 최선의 방법, 최선의 구체적 수단을 발견하는 사유의 단계이다. 그리고 실천적 지혜가 발휘된다는 것은 무엇보다 목적을 달성할 수단을 고민하는 숙고 단계와 관련된다. 목적은 정해져 있지만, 목적에 도달하는 수단은 구체적인 상황에 따라 달라질 수 있다. 숙고가 지금 바로 이곳에서 무엇을 해야 할지 올바른 합리적 선택을 이끌어내는 과정이라면, 우리에게는 구체적인 상황에 대한 올바른 파악이 우선적으로 요구된다. 올바른 선택을 하는 데 있어서, 목적만 가지고는 충분치 않으며 목적과 관련된 일반 규칙은 모든 개별 상황들에 기계적으로 적용할 수 없기 때문이다.

정의와 우정

　숙고는 다양한 상황에서 다양한 욕구를 충족시킬 수단을 확인하는 단계이며, 이렇게 실천적 지혜를 갖춘 사람은 다양한 성격적 덕을 발휘하게 된다(『니코마코스 윤리학』 2~5권). 다양한 성격적 덕목들은 '비이성적 욕구'들에 적절하게 대응할 때(가령 '용기', '절제', '온화함' 등의 형태로) 발휘되며, '외적 좋음'들을 규제할 때(가령 '통 큼', '포부의 큼' 등의 형태로) 발휘되고, '사회적 상황'들을 규제할 때(가령 '진실성', '재치' 등을 통해) 발휘된다.

　이상의 성격적 덕목들을 발휘하며 사는 삶이야말로 그 자체로 덕을 갖춘 자의 삶의 목적이다. 목적이 되는 행위들은 체계적으로 타인의 좋음을 증진시킨다. 나 자신에게 진정한 최고의 좋음을 추구하는 것이 곧 이타적인 행위이자 정치적인 행위라는 것이 아리스토텔레스 윤리학의 특징이다. 하지만 우리는 경험적으로, 착하게 살다 보면 손해를 본다는 사실을 알고 있으니 착한 사람은 잘살 수 없다고 생각하면서, 정도 이상으로 이기적 욕망을 억누르고 타인의 삶에 헌신하는 사람을 성인이나 영웅으로 대접한다. 이렇게 이기적 욕망과 이타적 공동체가 분리되어 사고되는 것이 서양 윤리학의 대체적인 흐름이었다. 아리스토텔레스의 윤리학은 이 두 욕망이 종합될 수 있다는 점에서, 둘 중 하나를 억누를 필요가 없는 윤리학이다.

거의 대부분의 성격적 덕목들은 이런 점에서 타인의 좋음을 향하는데, 그중에서 아리스토텔레스가 공동체와 관련해서 중요하게 생각하는 덕목이 '정의(dikaiosunē)'와 '우정(philia)'이다. 『니코마코스 윤리학』은 전체 10권으로 구성되어 있는데, 정의는 5권에서, 우정은 8, 9권에서 다루어진다. 이는 전체의 30퍼센트 분량이 이 두 덕목에 대한 논의에 할애되어 있다는 형식적 중요성도 보여주지만, 또한 우리가 추구해야 할 최고의 덕목은 개인의 좋음을 뛰어넘는 공동체의 좋음이라는 내용적 중요성도 보여준다.

정의의 종류: 보편적 정의와 개별적 정의

정의와 공정이 화두로 떠오르고 있다. 점점 더 많은 언론과 대중들이 정의와 공정을 통해 우리 사회의 아픈 곳을 비판하고 진단하고 있다. 어떤 하나의 개념을 둘러싸고 벌어지는 여러 토론과 논쟁이 그러하듯이, 논쟁이 격화되는 현장 속 토론의 당사자들은 십중팔구 서로 다른 정의, 공정 개념을 염두에 두고 논의를 이어나간다. 1980년대 쿠데타로 정권을 탈취한 군사 정권의 슬로건이었던 '정의사회 구현'에 대해서도, 공산주의자들의 '능력만큼 일하고 똑같이 나눠 갖는 정의'에 대해서도 우리 입장에서는 동의하지 못할 것이다. 모든 사회는 '정의'롭고자 하지만 그 속에서 논쟁의 타협점을 찾지 못하는 대부분의 이유는 '정의' 개념의 실질적 의미가 다르며, 다를 뿐만 아니라 잘못되었기 때문이다.

아리스토텔레스의 스승이었던 플라톤의 주저 『국가』의 부제는 '정의에 관하여'였다고 한다. 1권 서두부터 플라톤은 여러 인물들을 등장시켜 '정의'를 정의하게 만든다. 폴레마르코스라는 노인은 정의를 '갚은 것을 돌려주는 것'이라고 정의하고, 소피스트 트라시마코스는 '강한 자의 이익'이라고 정의한다. '정의'의 실제 내용에 대해 합의가 이루어지지 않은 채, 일어난 사건이나 사고와 관련해서 이 사건이 정의로운지 그렇지 않은지만 계속해서 따지는 것은 그래서 평행선을 달리는 지난한 일이다.

아리스토텔레스는 '정의'가 가지는 이러한 다양한 의미를 염두에 두고, 가장 먼저 '정의'를 유형별로 분류하는 것으로 논의를 시작한다. 그는 '정의'가 여러 의미를 갖는다고 말하면서, '보편적' 정의와 '개별적' 정의를 구분한다. 정의를 분류하는 방법은 이렇다. 대중들은 통상 법을 어기는 범법자들을 향해서 부정의하다고 말하거나, 뭔가 자신이 공정하지 않은 대우를 받을 때 부정의하다고 말한다. 법을 어기는 사람과 공정하지 않은 사람을 부정의한 사람이라고 부른다는 점에서, 정의는 '법을 지킨다는 의미에서의 정의'와 '공정하다는 의미에서의 정의'로 구분된다. 보편적 정의란 법적 정의를, 개별적 정의란 공정하다는 의미의 몇 가지 종류를 가리킨다.

보편적 정의

먼저 아리스토텔레스는 보편적 정의로서 법적 정의를 타인들과 관련된 완벽한 덕으로 규정한다. '법을 지킨다'는 것을 왜 보편적 정의로 삼았는지에 대해서는 자세한 설명을 하지 않지만, 몇 가지 추측은 가능하다. 먼저 '법을 지킬 때'라야 나의 선택과 결정이 가능한 한 넓은 범위의 타인을 대상으로 할 수 있다. 모든 정의는 공동체 속에서 타인들과 관련되어 있고, 여기에는 내가 친한 사람과 그렇지 않은 사람이 모두 포함된다. 만일 어떤 사람이 정의의 덕목을 단지 나 자신이나 친구들뿐 아니라 내가 모르는 공동체 내의 모든 이들에게 발휘한다면 그는 가장 완벽하게 정의를 발휘하는 것이 될 것이고, 나의 정의가 누군가에게는 불이익이 되고 누군가에게는 이익이 되지 않도록 하기 위해서는 법의 테두리 내에서 정의의 덕목을 발휘해야 한다.

또 하나 여기서 '법'을 '가장 완전하게 실현된' 국가의 법으로 이해하면, 법적 정의를 보편적 정의로 규정하는 것은 매우 합리적이다. 플라톤이 위에서 열거된 다양한 정의관을 비판하고 제시한 정의관에 따르면, 국가를 통치하는 통치자 계층과 국가를 수호하는 수호자 계층, 그리고 생산을 담당하는 생산자 계층은 각 계층이 자신에게 맡겨진 임무를 가장 잘 수호할 때 전체적으로 정의로운 국가를 이룬다. 그러니까 플라톤에게 정의는 각 계층이 부분적으로 발휘해야 하는 덕목이 아니라, 세 계층 모두가 자신의 덕목을 발휘할 때 종합적으로 발휘될 수 있는 완전한 덕목이고, 이렇게 정의롭게 운영되는 국가의 법을 떠올린다면 '법을 지킨다'는 것은 곧 '보편적 정의'를 발휘하는 것이 된다. 위대한 철학자가 법을 지키는 것이 곧 정의라고 했으니 악법으로 보여도 지켜야 한다거나, 아리스토텔레스의 보편적 정의 규정의 옳고 그름에 연연할 필요는 없다. 여기서는 다양한 정의 개념들의 차이를 구분하는 것이 문제이고, 후대에 영향력을 끼친 정의 관념은 '개별적 정의'의 세부 부류들이기 때문이다.

보편적 정의와 개별적 정의의 차이

보편적 정의가 성격적 덕목 전체와 교차 가능한 전체적인 의미를 갖는다면, 개별적 정의는 앞서 논의한 절제나 용기 등의 덕목들과 마찬가지로 여러 덕목들 중 하나로 이해된다. 개별적 정의는 여러 성격적 덕목들 중 하나로 간주되며, 무엇보다 '공정성'과 관련된다. 내가 개별적 정의를 가지고 있다는 것은 그래서 공정한 것을 추구하고 불공정한 것을 회피하는 태도의 사람이라는 것이다. 아리스토텔레스는 이런 의미에서의 부정의, 즉 불공정은 '좋은 것을 마땅한 양보다 더 많이 가지려고 하는 마음'이 계기가 된다고 말한다. 그래서 적들과의 전투 중에 동료를 버리고 대열을 이탈하는 사람은 법적으로 부정의한 사람이지, 공정성과 관련해서 부정의한 사람이 아니다. 그가 좋은 것을 마땅한 양 이상으로 가지려는 마음을 먹은 것은 아니기 때문이다. 아리스토텔레스가 생각하는 좋은 것에는 '명예, 돈, 공동체 구성원들 사이에서 나눌 수 있는 것들'이 포함된다. 개별적 정의는 이런 좋은 것들의 분배와 이런 것들과 관련된 범죄의 처벌과 관련된다. 전우를 버린 사람은 그래서 부정의한 사람이지 불공정한 사람이 아니다.

개별적 정의는 '공정성'과 관련된다. 여기서 '공정'으로 번역한 그리스어는 '이손(ison)'이라는 단어인데, 이는 기본적으로 '양적 동등성'을 의미한다. 각자가 마땅히 가져야 할 몫을 갖는 것이 '공정'으로, 불공정한 대우를 공정한 대우로 바꾸기 위해서는 마땅히 가져야 할 몫과 현재 가지게 된 몫에 대한 양적인 계산이 필요하다. 계약서상 하루 일하고 10만 원을 받기로 했는데 8만 원밖에 받지 못했다면, 마땅히 받아야 할 몫 10만 원에서 내가 받은 몫 8만 원을 뺀 2만 원을 더 받아야 정의가 회복될 수 있다.

개별적 정의의 두 종류: 분배적 정의와 시정적 정의

아리스토텔레스는 개별적 정의를 먼저 분배적 정의와 시정적 정의로 구분한다. 분배적 정의는 공동체 구성원들에게 나누어줄 재화나 명예의 분배와 관련된다. 프로 운동선수들의 연봉은 한 해 동안 선수들이 팀의 성적에 기여한 정도에 비례해서 결정된다. 어떤 선수의 활약이 팀의 승리에 견인차 역할을 했다면 그 선수는 더 많은 연봉을 분배받겠지만, 팀의 성적에 아무런 기여도 하지 않고 벤치에 머무르기만 한 선수는 많은 연봉을 기대할 수 없다. 따라서 정의로운 분배는 사람들이 자신들의 공적이나 활약에 비례해서 재화나 명예를 받는 것을 의미한다. 더 많이 받아야 마땅한 사람이 더 적게 받거나, 적게 받아야 마땅한 사람이 더 많이 받는 경우를 일컬어 불공정한 분배, 부정의한 분배라고 말한다.

아리스토텔레스에 따르면, 정의로운 분배는 최소한 네 개의 항에서 성립하며 그 비율은 서로 동일하다. 사람 A(의 공적)와 사람 B(의 공적), 그리고 (분배받는) 가치 C와 (분배받는) 가치 D가 그것인데, 만일 A항이 B항에 대해 가지는 관계를 C항이 D항에 대해 갖는다면, 정의로운 분배는 A항이 C항에 대해 가지는 관계를 B항이 D항에 대해 가지게 된다. A 선수가 B 선수보다 정확히 팀의 승리에 두 배 많이 기여했다면 이 둘은 2 : 1의 비례 관계를 갖는다. 또한 승리의 기여도에 따라 책정된 연봉이 예컨대 2억 원과 1억 원이고 이를 각각 C와 D라고 한다면, A : B = C : D가 되어 정의로운 분배가 이루어졌다고 할 수 있다. 이때 두 배 기여한 A가 2억 원에 대해 갖는 관계는 절반 기여한 B가 1억 원에 대해 갖는 관계와 동일하다. 그래서 이런 의미의 분배 정의를 가리켜 아리스토텔레스는 '일종의 비례적인 정의'라고 말하기도 한다.

두 번째 개별적 정의는 시정적 정의다. 주로 '거래 관계'에서 발생하며 처벌과 관련된 정의에 해당한다. 거래 관계에는 자발적 거래와 비자발적 거래가 있다. 자발적 거래는 판매, 구매, 대부, 보증, 대여, 공탁, 임대와 같은 것이고, 비자발적 거래에는 절도, 간통, 독살, 뚜쟁이질, 노예 사기, 모반 살인 위증과 같은 '은밀한 성격의 거래'뿐 아니라 폭행, 감금, 살인, 강탈, 신체 절단, 명예 훼손, 모욕과 같은 '강제적인 성격의 거래'도 포함된다. 물론 폭행이나 살인처럼 강제로 부정의한 대우를 받는 경우에도 이를 '거래'라고 할 수 있는지는 의문이다. 하지만 아리스토텔레스가 사용한 '거래'는 현재처럼 경제적 맥락에서만 사용되는 것은 아니었고, 범위가 훨씬 넓은 의미였다고만 해두자.

분배적 정의와 달리 시정적 정의는 사람이 가지는 가치, 다시 말해 그의 기여도나 공적에 대해 아무 관심이 없다. "오히려 법은 한 사람은 부정의를 행하고 다른 사람은 부정의하게 손해를 입은 경우, 그 손해의 차이에만 주목하여 당사자들을 모두 동등한 사람으로 간주한다."(5권 4장) 정의로운 판단자는 부당하게 이익을 얻게 된 사람으로부터 그만큼의 이익을 빼앗아 손해를 입은 사람에게 회복시켜준다. 여기서 고려 대상은 사람 자체가 아니라 거래 관계에서 발생한 이익(혹은 손해)이다. 정확하게 빼앗긴 재화의 양만큼을 돌려주면 된다. 이렇게 고려 대상이 재화라면 큰 문제가 없겠지만, 시정적 정의의 대상 중에는 사람의 목숨이나 명예 훼손 같은 무형의 재화도 포함된다. 시정적 정의의 규정대로라면, 누군가를 살해한 사람은 자신의 목숨을 내놓아야 하고, 공적 비방에 의해 명예를 훼손한 사람은 시장과 같은 공적인 장소에서 그를 비방해야 정의가 회복된다는 말이다. 이런 측면에서 아리스토텔레스의 시정적 정의는 아주 오래전 함무라비 법전의 응보적 정의 관념이나 "눈에는 눈, 이에는 이"로 대변되는 구약 성경의 처벌 관념을 떠올리게 한다.

그렇다면 시정적 정의를 응보적 정의로 이해해도 될까? 아리스토텔레스는 시정적 정의 중 자발적 거래에서 성립하는 경우는 응보적 정의와 비슷한 것으로 이해할 수 있지만, 비자발적으로 성립된 거래에서 공정성을 회복하는 경우는 사정이 조금 복잡하다고 말한다. 때린 사람과 맞은 사람, 살인한 사람과 살해당한 사람의 경우는 받은 것을 그대로 돌려준다 해도 정의가 성립하지 않는다. 즉 이런 경우 가해자가 취득한 이익과 피해자가 당한 손해는 단순 비교가 될 수 없다. 폭행을 당한 사람 입장에서는 당한 만큼의 폭행 이상의 무언가가 필요하며, 내 가족이 살해당한 사람은 살인자를 교수대에 세운다 해도 해소되지 않는 불공정이 남게 된다. 따라서 재판관은 폭행이나 살인과 같은 비자발적 거래의 경우, 가해자와 피해자의 이익과 손해의 분량을 정확하게 측정해서 그만큼을 되돌려주는 것은 물론, 그 이상의 무언가를 보충하는 방식으로 이익과 손해를 동등하게 만들기 위해 노력해야 한다. 아리스토텔레스는 자발적 거래에서 성립하는 시정적 정의는 '기하학적 비례'에 따른다고 말하고, 비자발적 거래에서 성립하는 시정적 정의는 '산술적 비례'에 따른다고 말한다.

분배적 정의와 시정적 정의 이외에, 아리스토텔레스는 '교환적 정의'라는 세 번째 개별적 정의를 소개한다. 이 정의의 특징은 교환되는 것이 서로 비교될 수 있어야 한다는 것이다. 이런 용도를 위해 '화폐'가 도입되었다고 주장하며, 화폐가 일종의 교환의 매개체 역할을 한다고 말한다. 즉 돈을 매개로 삼아 몇 켤레의 신발이 집 한 채와 같고, 또한 얼마만큼의 식량과 같은지를 측정할 수 있다는 것이다. 또한 그는 이러한 교환적 정의가 가능해짐으로써 공동체가 발생하게 되었다고도 말한다. 교환 대상을 적절하게 교환하는 것은 정의를 행하는 것이지만, 어떤 사람이 너무 많이 갖거나 너무 적게 분배하는 경우 불의를 행하는 것이다.

아리스토텔레스에게 개별적 정의는 여러 덕목들 중에 하나이고, 다른 덕목들과 마찬가지로 중용과 관련된다. 과도한 행동과 부족한 행동은 부정의한 반면, 이 양자의 중간을 겨냥한 행동은 정의로운 행동이다. "정의로운 사람은 정의에 따라 자기 자신과 다른 사람들에게, 혹은 다른 사람들 사이에서 분배할 때, 선택할 만한 것을 자신에게는 더 많이 분배하고, 이웃에게는 더 적게 분배하며, 해로운 것은 그 반대로 하는 것이 아니라, 비례에 따라 동등한 것을 분배하며, 다른 사람들 사이에서 분배할 때도 마찬가지로 하게 하는 덕목이다."(5권 5장) 정의로운 사람이 행하는 분배나 시정은 너무 많이 분배하거나 시정하는 행동과 너무 적게 분배하거나 시정하는 행동 사이에 위치한 중간적인 행동이다.

우정이란 무엇인가

아리스토텔레스 윤리학은 정치학에서 완성된다. 그가 생각하는 정치학은 한 국가의 구성원들로 하여금 행복한 삶을 살아가게 만들어주는 학문이다. 개인의 행복은 인간으로서 갖추어야 마땅한 덕목들을 공동체 구성원들을 상대로 올바로 발휘할 때 성취되며, 이런 개인들이 모여 구성된 공동체로서의 국가도 서로가 서로에 대해 자신의 올바른 품성을 사용할 때 가장 훌륭해진다. 이런 점에서 아리스토텔레스의 '정의'와 '우정'이라는 덕목은 행복한 삶을 영위하는 데 무엇보다 중요하다. 어떤 인간이라도 공동체 속에서 타인과 더불어 살아갈 수밖에 없다. 그래서 인간은 본성적으로 '정치적' 동물인 것이다.

우정은 그리스어 '필리아(philia)'의 번역어로 '친구들 사이에서 성립하는 우정'이나 영어의 'friendship'보다 적용 범위가넓은 말이다. 친구들 사이에서는 물론이고 부모와 자식, 남편과 아내, 형제자매 간에도 사용되며, 심지어 통치자와 피통치자 사이에서도 성립한다. 말하자면 모든 인간관계에 적용된다고 할 수 있다. 그래서 '우정'보다는 넓게 '우애'나 '친애'로 번역하기도 한다. 이 책에서는 '우정'으로 번역했으나, '친밀한 인간관계'의 의미를 모두 포괄한다는 점을 염두에 두면 좋겠다.

우정

'우정'으로 번역한 '필리아(philia)'는 '우애'나 '친애'로 번역할 수 있다. 단순히 친구 관계에서 성립하는 것이 아니라 이보다 더 넓은 의미의 외연을 갖는다. 보통 친구, 동료 사이의 수평적 인간관계뿐만 아니라 부모 자식 사이, 선후배 사이, 사제 지간이나 군신지간과 같은 수직적 인간관계를 포괄한다. 아리스토텔레스가 말하는 '우정'은 오랜 시간 동안의 사귐과 서로 간의 인격적 친밀성을 전제하기 때문에 단순한 일회적 감정 상태에서는 성립하지 않는다.

친구란 무엇이고 우정이란 무엇인가? 우정과 친구가 행복한 삶에 필요하다는 말은 기본적으로 인간이 혼자서는 살 수 없는 존재임을 의미한다. 우리는 삶 속에서 무수히 많은 타인들을 만나 관계를 유지하면서 행복을 추구하는 공동체적 존재다.

다른 모든 좋은 것들을 다 가졌다 하더라도 친구가 없는 삶은 그 누구도 선택하지 않을 것이다. 실제로 재산이 있는 사람이나 높은 자리와 권세를 가진 사람들에게도 친구는 가장 필요해 보인다.(8권 1장)

친구는 우리에게 가장 확실한 행복의 보증 수표다. 아무리 재산이 많아도, 최고급 외제차를 타고 다녀도 삶에서 기쁨과 슬픔을 함께 나눌 친구가 옆에 존재하지 않는다면, 행복한 삶을 온전하게 누릴 수 없다. 예를 들어 학교나 직장에서 내가 달성한 성취를 함께 기뻐할 친구가 없다면 기쁨을 더 큰 기쁨으로 만들 수 없다. 바라던 목적 달성에 실패해서 실의에 빠지거나 좌절할 때 나의 어깨를 다독여주고 나의 고통을 위로해줄 친구가 없다면 인생의 세찬 풍파를 헤쳐나가기 어려울 것이다. 가족 간의 사랑이 줄 수 없는 것을 친구는 줄 수 있다. 인생에 단 한 명이라도 진정한 친구를 갖는다는 것은 그래서 축복이다. 아리스토텔레스는 "곤궁할 때나 그 밖의 다른 어려움을 겪을 때에도 사람들은 친구만이 유일한 피난처라고 생각한다"(8권 1장)고 말한다. 가족에게는 말 못 할 비밀이라도 진정한 친구에게는 스스럼없이 털어놓을 수 있다. 아무리 극복하기 어려운 일이 닥친다 해도 나에게 단 한 명의 진정한 친구가 있다면, 여기서 힘을 얻어 이 곤란을 헤쳐나갈 수 있다. 아무런 도움이 되지 못해도, 아무 말을 하지 않아도 친구의 존재 자체가 동력이 되는 것이다.

아리스토텔레스는 사람들이 생각하는 우정을 셋으로 분류한다. 쾌락(즐거움)을 추구하는 우정, 이익을 추구하는 우정, 서로의 인격을 있는 그대로 나누는 우정. 이 중에서 쾌락을 추구하고 이익을 추구하는 사람들 사이에서 맺어진 우정은 진정한 우정이 아니라고 말한다. 이 두 관계의 중심은 자기 자신이다. 이 사람들은 자신에게 쾌락을 주고, 자기의 이익을 추구하는 데 도움을 줄 수 있는 한에서 친구를 만들고 우정을 나누는 것이다. 자기 자신이 관계의 중심에 있다는 것은 자신을 관계의 목적으로 삼고 상대를 목적을 이루기 위한 수단으로 삼는다는 것이다. 이런 우정은 말뿐인 우정이지 진짜 우정이 아니다.

첫 번째 쾌락을 추구하면서 우정을 나누는 관계는 '변덕스럽고 지속적이지 않다'는 특징을 갖는다. 이런 우정은 아리스토텔레스에 따르면 어린아이들의 우정이다. 아리스토텔레스는 "어린아이들의 우정은 쾌락을 이유로 성립하는 것 같다. 이들은 감정에 따라 살며 주로 그들에게 쾌락을 주는 것을 추구하고, 또 지금 앞에 있는 것을 추구하기 때문이다. (…) 바로 이 이유 때문에 그들은 쉽게 친구가 되고, 또 쉽게 헤어진다. 그들의 우정은 쾌락에 따라 바뀌는데 그러한 쾌락의 변화는 빠르기 때문이다. (…) 그들은 순식간에 사랑에 빠졌다가 순식간에 헤어진다. 하루에도 몇 번씩 변하면서"(8권 3장)라고 말한다. 친구를 만드는 목적은 상대가 나의 쾌락을 추구하는 데 도움이 되기 때문이다. 그를 만나는 것이 더 이상 즐겁지 않으면 관계는 언제라도 중단된다. 쾌락을 추구하기 때문에 이 관계 속에는 인간관계에 필요한 인내가 개입될 여지는 적어지고, 감정과 본능만 남을 뿐이다.

친구 관계를 오래 지속하기 위해서는 인내와 배려가 필요하지만, 인내하고 배려하기 위해서는 감정보다 이성적인 노력이 필요하다. 하지만 어린아이들은 친구를 만나는 일이 더 이상 재미있지 않으면 언제든 관계를 단절하고 다른 친구를 만든다. 이들은 친구를 사귀는 일도 빠르고 헤어지는 일도 빠르다. 인내와 배려에 기반하지 않은 쾌락의 추구는 수시로 그 대상을 바꾸기 때문이다. 누군가에게 실망하고 그를 비난한다는 것은 그에게 가졌던 기대와 사랑이 꺾였다는 뜻이다. 상대에게 아무 기대도 하지 않았다면 그에게 실망할 이유도, 비난하고 헐뜯을 이유도 없다. 즐거우면 만나고 재미없으면 헤어지는 관계에서는 상대방에게 실망할 이유가 없다. 쾌락 때문에 맺어진 관계 속에서는 친구에게 실망하면서 만날 하등의 이유가 없다. 사랑과 가장 거리가 먼 것은 미움이 아니라 무관심이다. 누군가와 싸우고 실망을 표출하는 것은 고쳐서라도 유지하고 싶은 욕망이 있기 때문이다.

두 번째 우정은 이익, 그중에서 경제적인 이익 때문에 맺어진다. 이 사람과 친해지는 것이 나에게 이익을 주면 그는 나의 친구가 된다. 나는 그에게 모든 것을 줄 수 있지만, 그건 그가 나에게 이익을 준다는 확실한 보장이 있기 때문이다. 이익을 추구하는 우정의 관계는 그래서 '약삭빠르고 계산적'이라는 특징을 갖는다. 나이가 든다는 건 세상 물정을 알아간다는 것이고 그래서 이전에 없던 우정을 나눌 친구가 점점 적어진다는 것을 의미한다. 어렸을 때 맺은 친구 관계가 훨씬 더 오래 지속될 수 있는 까닭이 여기에 있다. 그때는 이익이 개입될 여지가 없었고, 계산적이지 않은 순수한 나이였기 때문이다.

어른이 되면서 맺는 관계의 중심에는 경제적 이익이 있다. 서로에게 이익이 되어야 그들은 친구가 된다. 국가 간에 맺는 친교도 마찬가지라고 할 수 있다. 내 공동체에 이익이 되기만 하면 어제의 적이 오늘의 친구가 될 수 있다. 하지만 상대 국가가 나의 이익에 반한다고 판단되면, 어제의 동맹국을 쉽게 비난한다. 이만큼의 몫을 기대하고 그들에게 외교적인 이익을 제공하다가, 기대에 못 미치는 결과가 나오면 상대 국가를 쉽게 비난하는 것이다. "이익을 이유로 성립하는 우정에서는 불평이 나오기 마련이다. 이익을 목표로 서로를 이용하면서 언제나 더 많은 것을 가지려 하며, 마땅한 몫보다 더 적은 것을 가졌다고 생각하고 자신들이 의당 가져야 할 만큼을 갖지 못했다고 비난하니 말이다."(8권 13장) 하지만 자기 나라의 실리를 얻기 위해 형성된 형식적인 관계다 보니, 상대에 대한 비난도 심각하게 여기지 않는다. 외교적으로 비난하면서 물밑으로는 친교 관계를 형성할 수 있기 때문이다. 완전한 단절보다는 불완전한 지속이 더 낫다. 그래서 겉으로 불평하고 비난하고, 평화와 화해의 제스처를 보내도 쉽게 믿지 못하는 것이다. 이런 관계에서 확실한 것은 이익뿐이다. 그래서 이런 사람들은 언제나 친구를 욕하지만 쉽사리 그 관계를 끊지 않는다.

참다운 우정은 서로가 잘되기를 바랄 때 성립한다. 친구는 나 자신이 중심이 아니라 상대방의 이익이 중심이 되고, 나 자신을 희생하고 헌신하는 데 큰 고민을 필요로 하지 않는다. 그는 친구를 위하여 자신을 희생할 줄 아는 사람으로, 이 관계를 통해 두 사람은 더 고귀해진다. 이렇게 나의 이익보다는 친구에게 어떤 이익을 줄 수 있을지 고민하는 사람이 있다면, 그는 진정한 친구다. 친구가 걱정되고 친구가 생각나는 이유는 나에게 도움이 필요해서가 아니다. 단지 그가 잘 지내고 있는지, 내가 도울 일은 없는지 궁금하기 때문이다.

친구가 곤란한 상황에 놓여 있음을 알게 된다면 그대로 있기가 불가능해진다. 그가 도움을 요청하지 않아도 그를 위로하고 어떻게 도울 수 있을지 고민한다. "친구가 부르지 않더라도 역경에 처해 있는 친구에게 흔쾌히 가는 것은 아마 합당한 일일 것이다. 특히 곤경에 처해 있지만 요청하지 않은 친구에게 잘해주는 것이 친구가 할 일이기 때문이다. 이것은 양편 모두에게 더 고귀하고 더 즐거운 일이니 말이다."(9권 11장) 반면에 내가 어려운 처지에 놓인다면 친구가 곤란한 상황에 놓여 있을 때처럼 쉽게 도움을 청할 수 없다. 나의 상황으로 말미암아 친구가 힘들어할 줄 너무나 잘 알기 때문이다. 그래서 어려운 처지의 친구를 돕는 일은 그가 요청하지 않아도 자발적으로 하게 된다.

반면에 축하받을 일이 있을 때 가장 먼저 생각나서 부르게 되는 것도 친구다. 나의 즐거움은 친구들과 공유하려고 노력하고, 나의 고통은 가능한 친구들과 적게 나누려고 노력해야 한다. 괴로운 일은 나누고 싶지 않지만 기쁨이 되는 일은 나누고 싶은 사람이 있다면, 그는 진정한 친구를 소유한 사람이다. 물론 이때 조심할 것은 친구와 기쁨을 나누는 곳에는 가급적 천천히 가야 한다는 것이다. "좋은 처지의 친구와 함께하는 일은 기쁜 마음으로 함께해야 할 일이지만 (이 역시 친구가 요구되는 일이므로), 내가 도움을 받아야 할 때에는 천천히 해야 할 것이다."(9권 11장) 또한 도와주겠다는 친구의 제안을 매몰차게 거절하는 것도 바람직하지 않다. 이는 나를 생각하는 친구의 마음을 무시하는 것이기 때문이다. "그러나 (친구가 베푸는 호의를) 거절할 때 달갑지 않다는 인상을 주지는 않도록 아마 조심해야 할 것이다."(9권 11장) 친구에게 주는 도움이라면 고민할 필요가 없다. 친구와 기쁨을 나눔으로써 기쁨을 배가할 수 있도록 하고, 친구와 고통을 나눔으로써 괴로움을 벗어날 수 있도록 하는 것, 그리고 나만 원해서가 아니라 친구가 원하는 것을 얻도록 돕는 것, 친구 사이에서 나누는 진정한 우정이란 바로 이런 것이다.

"완전한 우정은 좋은 사람들, 또 덕에 있어서 유사한 사람들 사이에서 성립하는 우정이다. 이들은 서로가 잘되기를 똑같이 바라는데 그들이 좋은 사람인 한 그렇게 바라며, 또 그들은 그 자체로서 좋은 사람들이기 때문이다. 그리고 친구 자신을 위해 친구가 잘되기를 바라는 사람이 최고의 친구다."(8권 3장) 참된 우정은 이타적이다. 자신이 중심이 되어 나의 쾌락이나 이익을 도모하기 위해 맺어진 우정은 진정한 우정이 아니다. 순수하게 상대가 잘되기를 바라고 상대의 아픔을 나의 것으로 받아안는다. 나를 부정하고 타자를 긍정한다.

하지만 이 지점에서 눈여겨봐야 할 점은 아리스토텔레스에게 우정은 기본적으로 이기적인 동기를 갖는다는 것이다. "친구는 또 다른 자신"(9권 9장)이기 때문이다. 친구가 잘되기를 바라는 것은 곧 나 자신이 잘되기를 바라는 것과 같다. 아리스토텔레스는 "자기 자신을 대하듯 친구를 대하라"(9권 9장)고 충고한다. 이는 친구가 우리 인생에서 얼마나 중요한 존재인지를 말해준다. 친구는 그가 안겨줄 수 있는 쾌락이나 이익이 아니라 그의 존재 자체로 나의 인격을 고양시킨다. 우정을 나누는 두 사람은 우정으로 말미암아 서로가 서로를 더 좋은 관계가 되게 한다. 이런 점에서 두 사람은 공통의 좋음을 위해 노력한다고 할 수 있다. 이것이 아리스토텔레스가 완전한 정치적 공동체가 무엇보다 필요로 하는 덕목으로 '우정'을 드는 이유다. 만일 우리의 공동체 구성원들이 서로가 서로에게 친구가 될 수 있다면, 우리는 서로가 서로의 존재 자체로 즐겁고, 서로의 인격을 고양시키며, 이들이 모두 공동체 전체의 좋음을 위해 노력하는 사회야말로 완전한 정치적 공동체가 아니겠는가?

아리스토텔레스는 우정이 완전하고 자족적인 삶의 일부라고 주장한다. 삶은 우연적이다. 나의 노력이 그대로 결과로 드러나지 않으며, 예기치 못한 사태로 기뻐할 수도 슬퍼할 수도 있는 것이 인간의 삶이다. 나의 노력이 결실을 얻어 기쁠 때도 우정은 이 즐거움을 배가시키며, 예기치 못한 우연으로 곤란을 당할 때도 우정은 이 괴로움을 감소시켜준다. 이렇듯 우정은 특별히 삶에서 중요한 행위들을 분담하는 것이면서, 우정을 나누는 사람은 거기에 이르는 추론과 사유도 분담한다. 이와 같은 분담 행위를 아리스토텔레스는 '마음의 일치(한마음)'라고 부른다. 하나의 좋음을 목적으로 하는 우정은 그 목적에 이르는 최고의 수단을 친구와 더불어 숙고하고, 선택하며, 행동한다. A의 사유와 행위는 장차 B의 사유와 행위를 위한 이유를 제공하며, 반대도 마찬가지다. 우정이 갖는 이상의 '마음의 일치'라는 특징은 이성적 행위자로서 우정을 나눈 친구들의 능력을 보다 완전하게 실현시켜주며, 이로써 친구들 각자의 행복을 보다 완전하게 증진시켜준다.

다른 모든 좋은 것들을 다 가졌다 하더라도 친구가 없는 삶은 그 누구도 선택하지 않을 것이다. 실제로 재산이 있는 사람이나 높은 자리와 권세를 소유한 사람들에게 있어서도 친구는 대단히 필요해 보인다. 선행은 친구를 향할 때 가장 잘 일어나고 가장 찬양받을 방식으로 이루어지는 것인데, [친구가 없어] 그러한 선행의 기회를 박탈당한 사람에게 그렇게 영화를 누리는 것이 무슨 소용이 있겠는가? 또 친구들 없이 어떻게 그러한 영화를 보존하고 유지할 수 있겠는가? 곤궁할 때나 그 밖의 다른 어려움을 겪을 때에도 사람들은 친구만이 유일한 피난처라고 생각한다. 젊은이들에게는 서로의 잘못을 바로잡아주는 데, 나이 먹은 사람들에게는 서로 돌봐주고 노약에 따른 행위의 부족을 상쇄해주는 데, 전성기의 사람에게는 고귀

한 행위를 하는 데 [친구가] 필요한 것이다. '둘이 함께 가면'

사유에 있어서나 행위에서 있어서 더 강해진다.(8권 1장)

공동체의 행복

덕목들과 우리

행복은 잘 사는 것이고, 어떤 상황 속에서도 잘 행위하는 것이라는 데 동의하지 않을 사람은 없을 것이다. 오히려 행복과 잘 삶, 잘 행위함의 구체적 내용에 대해 의견이 갈린다. 아리스토텔레스는 "사람이 사람답게 사는 것이 행복"이라고 말한다. 우리는 살면서 "사람이 사람다워야지"라거나 "넌 언제 인간 될래?"라는 말을 자주 듣는다. 사람의 얼굴과 모습을 하고 있다고 해서 사람이 아니라는 것, 사람이 사람으로서 구실을 하고 살아야 진정한 사람이라는 것이 이 말들의 참된 의미일 것이다. 아리스토텔레스에 따르면, 사람답게 산다는 것은 성격적 덕목들을 갖추고 그에 따라 행위하는 것이다. 화가 난다고 감정을 그대로 표출하거나, 쾌락을 얻는 것에 온 정신을 쏟으며 주위를 돌보지 않는 부덕한 사람은 사람의 탈을 썼을 뿐 사람다운 사람이 아니다.

고전 그리스 시대에 주로 언급되던 덕목들은 '용기, 절제, 정의, 지혜'의 4주덕(主德), 즉 네 개의 주요 덕목이다. 소크라테스와 플라톤이 강조하는 덕목들인데, 『니코마코스 윤리학』에서 아리스토텔레스가 말하는 덕목들은 이보다 더 많다. 덕이란 사람이 사람답게 살기 위해 갖춰야 할 올바른 태도이자 칭찬받을 만한 성격이다. 주로 자신이 속해 있는 공동체 내에서 공동체의 구성원들에게 (물론 자신 스스로에게 더 많이) 좋은 영향력을 행사할 수 있는 능력을 의미한다. 모든 삶의 현장에서 덕목들은 사람을 사람 노릇하게 만드는 능력이다. 군인으로 복무하는 이에게 가장 필요한 덕목은 용기일 것이고, 산업 현장에서 일하는 노동자나 시험을 앞둔 수험생에게 가장 필요한 덕목은 절제일 것이다. 이렇듯 아리스토텔레스는 행복하게 산다는 것은 내가 가진 덕목들로 공동체 내에서 좋은 영향력을 행사하면서 살아가는 것이라고 말한다.

고대 그리스 사회에서 가장 중요했던 덕목들이 현재 내가 속한 공동체에도 똑같이 중요한 덕목일 수는 없을 것이다. 내가 어떤 공동체에 속하는지, 어떤 문화나 어떤 국가의 일원인지에 따라 구체적인 덕목들은 달라질 수 있다. 예컨대 기독교 문화권에서 중요시하는 덕목들은 고대 그리스의 것과도 다르고 지금 이곳에서 필요로 하는 덕목들과도 다르다. 『신약 성경』 「고린도전서」 13장은 '사랑 장'으로 알려져 있다. "믿음도 소망도 중요하지만 가장 중요한 것은 사랑"이다. 『구약 성경』에서 가장 강조하는 덕목은 '정의(공의)'다. 여기서 사랑이나 정의는 기독교 문화권에서 가장 중요시하는 덕목들이라고 할 수 있다. 불교 문화권에서는 '자비'를 강조하며, 유교 문화권에서는 '인의예지(仁義禮智)'를 강조한다.

　우리 사회에서 중요시하는 덕목들은 아리스토텔레스의 덕목들과 얼마나 다를까? 그보다 먼저 우리 사회가 중요시하는 덕목들에 보편적인 동의가 가능할까? 인성 교육에서 강조하는 '충'이나 '효', 나이 많은 사람에 대한 '예의' 같은 것도 모두 보편적 덕목이 될 수 있을까? 많은 경우 도덕 교육, 인성 교육의 실패는 이 덕목들 자체에 대한 합의가 시도된 적이 없고, 시도되기도 힘들다는 데서 나온다. 어떤 덕목들이 필요할지에 대한 동의 없이 도덕, 인성 교육은 제대로 이루어질 수 없다. 기껏 시도된다 해도 국가나 공동체의 덕목들이 일방적으로 강요되는 형태를 취하게 된다. 또한 많은 경우 덕목들에 대한 합의가 이루어졌다 해도 교육의 형태가 강의나 강연으로 이루어지는 한에서는 적절한 교육이 이루어지지 못한다. 앞서 보았듯 성격적 덕목들에 관한 한, 아리스토텔레스는 덕 있는 인간이 되는 방법으로 글이나 말로 하는 교육 방법에 동의하지 않을 것이기 때문이다. 성격적 덕은 반복된 습관을 통해 우리 몸에 익히는 것이다. 두려움을 극복하는 반복된 훈련을 통해 만용과 비겁 사이 용기의 덕이 생기고, 육체적 즐거움과 괴로움의 감정에 대해 적절한 태도를 반복 훈련함으로써 절제의 덕이 생긴다. 성격적 덕은 말이나 글로 얻어지는 것이 아니다.

아리스토텔레스가 '습관화 교육'에 대해 아주 구체적인 방법을 제시하는 것은 아니다. 습관은 어렸을 적부터 시작돼야 성인이 되어 좋은 사람이 될 수 있고, 그렇다면 성인이 되어 새로 덕목을 갖추는 것은 힘든 일일 것이다. 이렇게 내가 어떤 사람인지는 성인이 되기 이전에 습관화 과정을 통해 대부분 결정된다. 예외적으로 『정치학』 8권에서 '습관화 교육'의 방법으로 '음악 교육'을 제시하기는 한다. 음악 교육만으로 모든 도덕 교육이 가능하다는 것도 아니고, 구체적으로 다룰 필요는 없겠지만, 아리스토텔레스의 도덕 교육의 방향성을 엿볼 수 있

는 사례이니 간략하게 언급하는 게 좋겠다. 성격적 덕의 정의
는 '중용과 관련된 태도'다. 성격적 덕의 본질이라 할 수 있는
중용이란 즐거움과 괴로움의 감정과 관련해서 너무 극단적이
지 않고 적절한 중간의 태도를 취하는 것이다. 음악은 사람의
감정을 자극하는 데 무엇보다 유용한 도구이므로, 우리는 음악
을 들으면서 마음속에 밀려오는 감정들에 대해 반복적으로 적
절한 태도를 취하는 훈련이 가능하다. 말하자면 감정을 자극하
는 데 효과적인 음악의 도구적 효용성을 말하는 것이다. 심금
을 울리는 슬픈 노래를 들으면서 이 슬픔에 굴복하지 않고 감
정을 조절하는 훈련을 하고, 마음을 자극하는 빠른 비트의 음
악을 들으면서 빨라지는 심장을 조절하는 훈련을 하는 것이다.

행복에 이르는 또 다른 방법

아리스토텔레스는 이렇게 타인에 대한 관심과 행복의 공
동체적 측면을 강조하는 한편, 순수한 이성적(지성적) 행위를
통한 행복도 무시하지 않는다. 그의 지적 행위는 학문적 진
리, 철학적 진리에 대한 관조이며, 실천에 적용시키려는 일체
의 시도로부터 독립해 있다(『니코마코스 윤리학』 10권 6~8장). 인간

행복의 두 개념

아리스토텔레스에 따르면, 인간은 두 가지 방식으로 행복할 수 있다. 하나는 지금까지 언급한 '덕에 따르는 활동으로서의 행복'이고, 다른 하나는 '관조적 활동으로서의 행복'이다. 덕의 두 종류(지적인 덕과 성격적 덕)에 따라 행복도 두 종류로 구분될 수 있다. 『니코마코스 윤리학』은 대부분 '덕에 따르는 행복'을 논의하지만, 적은 분량이나마 마지막 권 뒷부분에서 '관조적 행복'을 다룬다.

의 고유한 활동과 인간 행위의 관계를 탐구하면서 그는 '관조 (contemplation)'를 행복의 가장 중요한 요소라고 주장한다. 관조는 이성적 존재로서 우리의 본성을 가장 높은 수준에서 발휘하는 것이기 때문이다. 이는 우리가 신과 공유하는 것으로, 이때 신은 어떤 생각이 실천에 적용 가능한지를 전혀 고민할 필요가 없는 순수한 이성적 존재라고 할 수 있다. 신과 공유하는 활동이라는 측면에서, 그는 관조야말로 우리에게 허용된 가장 행복한 삶의 유형이라고 주장한다.

관조적 행복과 성격적 덕에 따르는 행복을 조화시키려는 여러 해석이 있다. 관조적 행복이든 성격적 행복이든 둘 중 하나를 진짜 행복이라고 간주하는 해석 두 가지와 둘 모두를 행복이라고 간주하는 해석, 이렇게 세 가지가 있을 수 있다. 이 중에서 성격적 덕목보다 관조적 행복을 아리스토텔레스의 의

도와 더 가깝다고 보는 해석을 살펴보자. 이 해석에 따르면, 관조는 행복을 이루는 가장 궁극적이고 자기 충족적인 좋음으로, 성격적 덕목들은 단지 이 관조를 위한 수단들로서만 가치를 갖는다는 것이다. 하지만 만일 이것이 아리스토텔레스의 입장이라면, 관조적 행복을 달성하는 데 있어서 성격적 덕목들이 어떻게 수단들로 이바지할 수 있다는 것인지 설명하기가 쉽지 않다. 몇몇 성격적 덕목들이 관조의 도구적 수단들일 수는 있겠지만, 성격적 덕목들이 발휘된 행위가 관조를 목적으로 하는 사람에게 어떻게 방해되지 않고, 유용할 수 있는지를 설명하기는 어려워 보인다. 두려움에 맞서 용기를 발휘하고 쾌락에 굴복하지 않고 절제하는 것이 관조적 행복에 어떻게 유용할 수 있단 말인가? 또한 관조가 유일한 행복이라면, 관조는 『니코마코스 윤리학』의 나머지 부분들과 다른 윤리학적 저술들에 담긴 행복 개념과 어울리기가 힘들어 보인다.

따라서 성격적 덕을 통한 행복을 우위에 두었든, 둘이 공히 행복에 중요하다고 생각했든 성격적 덕을 통한 행복의 중요성을 아리스토텔레스가 강조하고 있음은 부정하기 힘들어 보인다. 만일 우리 인간이 아무런 욕구도 아무런 신체도 갖지 않은 순수한 지적 존재라면, 관조만이 우리의 좋음 자체가 될 수 있을 것이다. 하지만 우리는 실제로 관조만 하면서 살 수 있는 신과 같은 존재가 아니며, 우리가 추구하는 좋음은 우리가 속한 공동체와 타인과의 관계 속에서 달성될 수 있는 좋음이다. 관조는 모두를 위한 좋음이 아니다. 성격적 덕목들과 이를 드러내는 행위들은 관조적 행복과 별개로 행복의 구성요소로서 그 자체로 선택될 자격을 갖추고 있다. 덕을 갖춘 사람은 타인에게 좋음을 가져다줄 수 있는 행위를 규제할 수 있을 것이고, 같은 이유로 관조도 규제할 수 있을 것이다.『정치학』은 이러한 행복 개념을 더 많은 비중으로 설명하는 저술이다.『정치학』7권에서 아리스토텔레스는 관조를 성격적 덕목들에 의해 규제되는 사회적 질서의 맥락 속에서 다룬다.

인간적 좋음과 공동체

전체 여덟 권으로 구성된『정치학』은 연관된 세 개의 목적을 가지고 있다. (1) 어떤 정치 공동체가 인간적인 좋음을 달성할 수 있는지를 탐구하여, 윤리적 저술로부터 이어지는 행복에 관한 논의를 완성한다(1, 2, 3권). (2) 실제로 존재했거나 존재하고 있는 국가들과 그 정치체제를 이해하고 비판할 수 있도록, 경험적인 관점에서 실제 존재하는 정치체제와 국가를 분석하고, 이를 통해 여기에 기여할 수 있는 도덕적이고 정치적인 원리를 제공한다(4, 5, 6권). (3) 이상주의적인 관점에서 이상적인 국가가 갖춰야 하는 정치체제의 모습을 제공한다(7, 8권). 이렇게 『정치학』의 저술 순서는 먼저 이론적인 배경을 논의한 후에, 실제 당대의 도시 국가 공동체들이 가지고 있던 장점과 단점을 검토하고, 이것에 근거해서 최상의 국가의 모습을 기술하는 것으로 되어 있다. 학자에 따라서는 7, 8권의 이상주의적인 관점을 초기 플라톤주의적 색채가 반영된 것으로 보고, 4, 5, 6권의 경험주의적 관점을 후기의 것으로 보아 저술 순서를 (1)-(3)-(2)로 해야 한다고 주장하기도 한다.

『정치학』은 인간에 관한 유명한 명제로 시작한다. '인간은 본성상 정치적인 동물(politikon zōon)'이라는 명제가 그것이다. 먼저 인간은 나면서부터 정치적 공동체 속에서만 자신의 고유한 활동을 실현할 수 있다. 아리스토텔레스에 따르면, 인간은 기본적으로 세 종류의 공동체 속에서 살아가도록 규정되어 있다. 첫 번째로 인간은 부부 관계, 주인과 노예의 관계, 부자의 관계 속에서 '가족'이라는 공동체를 구성한다. 둘째로 인간은 성장하여 가정을 이루면서, 이를 토대로 씨족으로서의 '마을' 공동체를 구성한다. 마을은 경제와 안보라는 두 개의 기본 목적을 실현하기 위한 공동체라고 할 수 있다. 셋째로 다수의 마을이 결합하여 '국가(polis, 폴리스 혹은 도시 국가)' 공동체를 구성한다. 국가는 시민을 보호하고, 분쟁을 조정하며, 매매를 성사시키고, 외적 위협으로부터 시민의 안전을 보장하는 공동체다. 여기서 가족이나 마을의 초기 공동체의 목적은 국가 공동체 자체가 된다. 나는 나를 둘러싼 여러 공동체와 떨어져 독자적으로 존재할 수 없다는 것이 아리스토텔레스의 근본적인 가정이고, 따라서 나의 목적은 가정, 마을, 국가의 순으로 넓어진다. 나의 행복은 가정의 행복, 국가의 행복과 떼려야 뗄 수 없는 관계를 갖는다.

> 여러 마을들이 거의 또한 상당히 자족적일 만큼 커다란 하나의 완전한 공동체를 구성할 때 국가가 존재하는데, 이것은 단순히 생존의 필요에 의해 발생되고 좋은 삶을 위해 존속된다. 만약 사회의 초기 형태들이 자연적이라면, 국가도 그렇다. 국가가 초기 공동체들의 목표인데, 사물의 본성이 사물의 목표이기 때문이다. 우리가 사람과 말과 가족 가운데 어떤 것에 대해 이야기하든, 우리는 각각의 것이 완전히 발전되었을 때를 그것의 본성이라고 부른다. 더구나 사물의 최종 원인과 목표는 가장 좋은 것이며, 자족적인 것이 목표이자 가장 좋은 것이다.(『정치학』, 1252b28-1253a2)

국가

인간은 목적을 지니며, 목적으로서의 좋음을 위해 이런저런 선택도 하고 결정도 한다. 인간 개개인뿐만 아니라 인간이 만들어내는 모든 '공동체'도 어떤 좋음을 목표로 구성된다. 이 목적의 지향에 따라 공동체 간에 서열이 생기는데, 가정, 마을 등이 하위 공동체라면 국가(폴리스)는 최고의 공동체. 국가는 최고의 좋음을 목표로 결합된 가장 상위의 공동체. 국가는 공동체 구성원들의 단순한 생존과 번식을 넘어 삶 일반에, 행복에 관계한다. 현대 '국가'에 비하면 규모가 작아서 '도시국가'나 '폴리스'로 옮겨 적기도 한다. 당시 그리스 지역에 600여 개의 국가가 있었고, 가장 컸던 아테네의 인구는 성인 남성 2~5만 명, 노예와 거류 외국인 포함 전체 20만~40만 명 정도였다고 한다.

따라서 행복하고자 하는 개인의 욕구는 결국 국가에 관한 논의로 나아갈 수밖에 없다. 인간이 '정치적인 동물'인 까닭은 인간의 본질적 능력과 목적이 정치 공동체라는 형태 속에서만 완전하게 충족될 수 있기 때문이다. 따라서 (고유한 기능 논변과 인간적 좋음 간의 관계에서 본 것처럼) 개인이 행복하기 위해서는 공동체에 속하는 동료 시민들의 좋음을 요구할 수밖에 없다. 완전한 공동체는 국가이며, 개인의 완전한 행복도 완전한 국가를 요구한다. 국가는 시민들의 공통된 좋음을 목적으로 하는 자족적 공동체이고, 그 구성원들은 통치 행위와 피통치 행위를 분담한다. 국가는 모든 공동체(가족, 마을 등)를 포괄하며, 이때 다른 공동체들과 국가는 부분과 전체의 관계를 이룬다. 국가의 목적은 단지 몇몇 부분적 관심을 달성하는 데 있는 것이 아니라 삶 전반의 문제와 관련되어 있기 때문이다. 행복은 완전하고 자기-충족적이므로, 이상적인 국가도 완전하고 자기-충족적이다(『정치학』 1권 2장). 이때 국가는 행복한 삶을 위해 필요한 일체의 좋음들을 그 안에 포괄하고 있으며, 완전하고 자기-충족적인 삶을 목표로 한다.

> 국가 이전의 결사들이 자연적이므로 국가 역시 자연적이다. 국가는 이전 결사들의 목적(혹은 끝)이고, 사물의 자연적 본성은 그것의 목적(끝)이기 때문이다. 각 사물이 완전히 다 자랐을 때 이 사물이 그러그러한 바의 것—예를 들어 인간, 말, 집—을 우리는 이 사물의 자연적 본성이라고 부른다. 게다가 그것을 위해서 어떤 것이 존재하는 바로 그것, 혹은 목적이 최고로 좋은 것이다. 그리고 자족성은 목적이며 최고로 좋은 것이다. 국가는 자연적인 사물에 속한다는 것 그리고 인간은 자연 본성상 사회적(politikon) 동물이라는 것은 분명하다.(『정치학』 1권 2장)

최선의 국가

인간의 본성과 인간적 좋음, 그리고 정치 공동체 간의 관계는 우정에 관한 설명을 염두에 두면 쉽게 이해할 수 있다. 완전한 우정은 탁월한 성격의 개인들이 함께 살면서 이성적 토론과 사유를 공유하는 가운데 온전히 달성될 수 있다. 하지만 협동 속에서 자아실현을 달성하기 위해 완전한 우정이 반드시 필요한 것은 아니다. 시민들 간에 성립하는 우정 속에서도 이를 달성할 수 있는데, 시민들이 모여 정의와 이윤을 둘러싼 물음들에 대해 집합적으로 숙고하고 이 과정에서 합리적 선택을 이끌어낸다면, 이는 탁월한 개개인의 자아실현에 공헌할 수 있다. 집합적 숙고는 개인의 삶과 행위를 뛰어넘어 실천적 지혜와 숙고의 영역을 공적으로 확장하는 것이기 때문이다. 국가는 완전한 좋음을 실현하기 위해 어떤 계획을 세우고, 어떤 수단들이 필요하고, 이를 어떻게 확보할 수 있는지를 추구한다는 점에서 공적인 성격을 지닌다. 그 안에 사는 개개 시민들은 국가의 공적 목적을 달성하기 위한 여러 분야에서의 집합적 숙고를 자발적으로 욕구하고 실행해야 하며, 또 그럴 만한 좋은 이유를 가지고 있는 것이다.

따라서 아리스토텔레스에게 이상의 정치 행위는 그 자체로 인간적 좋음에 공헌하는 것이다. 그리고 이런 관점에서 보자면 그는 국가에 '제한적인 도구적 기능(가령 개인의 안전, 상호 보호, 개인의 정당한 소유권의 보호 등, 『정치학』 3권 9장)'만을 요구하는 최소 국가에 반대한다. 정치적인 삶은 어떠한 도구적 유용성과 별개로 그 자체 가치를 지니기 때문이다. 따라서 최선의 국가는 국민 개개인의 성격적 덕목들의 개발뿐 아니라 이를 이룰 수 있는 정치 참여를 목적으로 구성되어야 한다.

이상의 목적들을 기준으로 삼아 아리스토텔레스는 최선의 국가의 모습을 기술한다. 최선의 국가는 정치적 삶을 증진할 수 있도록 (지리적이고 경제적으로) 유리한 외적 조건들을 갖추고 있어야 한다. 하지만 국가를 구성하는 국민의 자격은 제한적인데, 아리스토텔레스가 여기서 (노예를 포함해서) 성격적 덕목을 개발할 수 없는 자 모두를 제외시키기 때문이다. 이들을 제외한다면 국민들 간에는 격차 큰 불평등은 허용되지 않으며, 모든 국민들은 통치 행위와 피통치 행위에 직접 참여해야 한다. 최선의 국가가 갖춘 제도들은 성격적 덕목들을 실현하거나 관조를 실현할 수 있도록 정치, 사회, 경제, 교육적 기초를 제공한다.

불완전한 국가들

행복의 올바른 개념이 최선의 국가의 목적인 것처럼, 행복의 잘못된 개념이 다양한 국가의 잘못된 목적을 규정한다. 예를 들어 과두정(寡頭政) 지지자들에게 행복은 '부'에 달려 있다. 그들은 국가를 사업 파트너로 간주하는 자들이다. 민주정 옹호자들에게 행복은 '욕구의 자유로운 충족'으로 이루어진다. 이들이 생각하기에 인간은 노예만 아니면 자유롭고 서로 평등하다. 게다가 자유롭다는 측면에서만 평등을 이루면, 나머지 모든 측면에서도 평등을 이룬다고 생각한다. 하지만 두 정체의 지지자들 모두 완전히 잘못되었는데, 앞서 본 대로 부와 자유는 올바른 행복 개념과는 관련이 없고, 있다고 해도 일면적일 뿐이기 때문이다.

이런 잘못된 견해들이 정치적 능력이나 다른 좋은 것들의 정당한 분배와 관련해서 국가로 하여금 잘못을 범하게 하는 원인이다. 공통의 좋음과 관련된 것은 모두 분배의 기준으로 고려될 수 있다. 이것이 바로 위에서 살펴본 일반적 정의의 목적이기 때문이다. 공통의 좋음에 대한 올바른 개념은 행복에 대한 올바른 개념을 요구하므로, 분배와 관련된 물음에 올바로 답변하기 위해서는 참된 행복 개념에 호소해야 한다.

실재하는 정체들을 비판하면서, 아리스토텔레스는 현존 정체들이 최상의 국가가 갖추어야 할 규범들을 어떻게 결여하고 있는지, 그리고 어떻게 하면 더 나은 국가가 될 수 있는지를 보여주려고 한다. 그는 최상의 국가뿐만 아니라 각 정치체제가 달성해야 할 더 나은 국가의 모습을 기술한다. 불완전한 정체는 정의와 행복 개념에 대해 올바른 관점을 갖출 때 더 나아질 수 있다.

3장

철학의 이정표

『**국가·政體**』
플라톤, 서광사, 2005

『국가』는 플라톤의 대표 저작이다. 플라톤은 대화 형식으로 글을 썼는데, 그의 저술 대부분은 스승인 소크라테스를 주인공으로 한다. 책은 열 권으로 구성되어 있는데, 한 권은 대체로 파피루스 두루마리 한 개 분량이다. 『국가』에는 정치학, 윤리학, 형이상학, 인간론, 예술철학 등 그의 사상 전체가 담겨 있다. 오늘날까지 철학자뿐 아니라 정치학자, 교육학자, 문학가, 심리학자 등 매우 다양한 독자들에게 읽히는 고전 중의 고전이다. 우리가 읽은 『니코마코스 윤리학』도 여러 측면에서 『국가』를 떠나 논의하기 힘들다. 이 책에는 '정의(正義, justice)에 관하여'라는 부제가 달려 있다.

『국가』의 대체적인 내용은 플라톤이 생각하는 '정의로운 국가'의 이상적인 모습을 제시하는 것이다. 그리고 여기서 유명한 네 개의 주된 덕목이 제시된다. '정의', '지혜', '용기', '절제'가 그것이다. 플라톤의 정의관에 따르면, 국가는 통치자 계층과 수호자 계층 그리고 생산자 계층이 각자 자신에게 맡겨진 임무를 가장 잘 발휘할 때 전체적으로 정의로운 국가가 된다. 그러니까 플라톤에게 정의는 각 계층이 부분적으로 발휘해야 하는 덕목이 아니라, 세 계층 모두가 자신의 덕목을 발휘할 때 종합적으로 발휘될 수 있는 완전한 덕목이다. 아리스토텔레스의 '덕'에 관한 논의나 '정의'론은 플라톤의 『국가』와 다른 대화편들의 사유를 바탕에 놓고 세워진 이론이다.

플라톤은 정치적·사회적 격동기를 산 인물로, 펠로폰네소스 전쟁을 겪은 인물이다. 전쟁의 패배로 인한 정치적 혼돈 속에서 플라톤은 당대 귀족 가문의 필수 코스였던 정치의 길을 버리고 본격적으로 철학을 하기로 결심한다. 플라톤은 조국 아테네가 놓인 정치적 혼란과 막막한 현실을 타파하는 데 정치 참여보다 철학이 효과적이라는 믿음을 가졌던 것으로 보인다. 그리고 이 믿음은 『국가』에서 '정의란 무엇인가?', '어떤 정치 체제가 가장 정의로운가?' 등의 정치철학적 탐구로 구체화된다. 이외에도 '재산과 처자 공유제', '남녀의 평등과 권리', '철인 통치자의 필요성', '시인(문학과 예술) 추방론' 등 논쟁적인 내용을 담고, '동굴의 비유', '선분의 비유', '태양의 비유'를 통해 자신의 이데아론을 쉽게 설명한다.

워낙 중요한 이론들이 담겨 있는 데다 분량도 상당해서 읽기가 쉽지는 않지만, 최근 플라톤 전공자들의『국가』해설서가 여럿 출간되어 있으니 참고서들의 도움을 받아 느긋하게 일독을 권한다. "서양철학의 역사는 플라톤 철학의 각주"라는 영국 철학자 화이트헤드의 언급을 통해서도 알 수 있듯이, 긍정적으로든 부정적으로든 플라톤의『국가』를 참고하지 않은 철학은 존재하지 않는다.

『정치학』
아리스토텔레스, 길, 2017

아리스토텔레스는 인간은 정치적 동물이어서 공동체를 떠나 홀로 행복할 수 없는 존재라고 생각했고, 어떤 국가 공동체의 법과 정치체제가 해당 국가 안에서 살아가는 시민들의 성품(태도)을 고귀하게 발휘할 수 있도록 구성되어야 한다고 믿었다. 이런 맥락에서 그는 넓은 의미의 정치학이 담을 내용으로, '교육'이 시민들의 윤리적 성품과 행위를 지도하는 데 관심을 기울여야 한다는 점, 정치가는 본질적으로 교육가라는 점을 지적한다. 정치학의 일차 목표는 시민들을 특정 종류의 태도를 지닌 좋은 시민으로, 고귀한 일들의 실천자로 만드는 데 대부분의 노력을 경주하는 것이다.

아리스토텔레스에 따르면, 인간이라는 행위자의 본성적이

고 본질적인 목표가 무엇인지를 이해하는 것이야말로 어떤 원리에 따라 사는 것이 도덕적이고 정치적으로 올바른 삶인지를 이해하기 위한 초석이다. 『니코마코스 윤리학』에서 이 원리는 인간의 행복에 관한 설명을 통해 제시되어 있으며, 좋은 사람을 만들어주고 행복한 삶을 살게 해주는 여러 덕목들에 관한 설명으로 제시되어 있다. 그리고 이 덕목들을 개인 안에 구체화시켜주는 것이 바로 국가이며, 국가와 공동체적 삶의 본성을 제시하는 임무가 『정치학』에 담겨 있다. 그리고 『정치학』에는 실제 국가와 공동체 내에서 발휘되는 덕과 악덕들이 윤리 이론에서 도출된 원리들과 비교하는 방식으로 탐구가 진행된다.

이렇게 아리스토텔레스에게 윤리학과 정치학은 별도의 학문 분야가 아니었고, 서로 다른 주제를 다루는 별도의 저술이 아니었다. 정치학의 목적이 인간적인 좋음, 즉 행복인데, 정치학의 한 부분인 윤리학은 행복에 필수적인 성격적 덕과 지성적 덕에 관계하고, 정치학의 나머지 부분은 누구나 행복하게 살 수 있는 최선의 정치체제에 대한 탐구를 그 과제로 삼고 있기 때문이다. 이 두 영역을 포괄하는 넓은 의미의 정치학은 『니코마코스 윤리학』에서 시작해서 『정치학』에서 완성되는 이론이다. 『니코마코스 윤리학』에 관심이 생겼다면, 이 책과 더

불어『정치학』까지 읽어야 아리스토텔레스의 전체 기획을 이해할 수 있다.

『성격의 유형들』
테오프라스토스, 쌤앤파커스, 2019

아리스토텔레스에게 '덕'은 성격적 덕과 지성적 덕, 둘로 나뉜다. 『니코마코스 윤리학』에서 주로 다뤄지고, 『정치학』의 실천적인 맥락으로 이어지는 것은 이 중에서 '성격적' 덕이다. 여기에는 용기, 절제, 온화함, 정의 등이 포함된다. '성격적' 덕이 곧 '윤리적' 덕이다. '성격'과 '윤리'는 그리스어 '에토스(ēthos)'를 다르게 번역한 것이다. 아리스토텔레스가 세운 학교의 이름은 '뤼케이온'이고 여기서 수학한 사람들을 '소요학파'라고 불렀다. 아리스토텔레스 이후 2대 교장을 맡은 이가 바로 테오프라스토스이다. 그는 아리스토텔레스가 '동물학'에 기울인 관심을 보완하여 '식물학'에 연구를 집중시켜 '생물학' 일반에 대한 이론을 완성하려 했고, 스승과 똑같이 『형이상학』이라는 책도 저술했다. 또한 그는 스승의 '성격(윤리)'에 대한 관심을 이어받아, 인간의 행태와 성격(윤리)에 관심을 보인 『성격의 유형들』이라는 책을 저술한다. 여기에는 인간이 가질 수 있는 바람직하지 않은 성격 유형 서른 가지가 담겨 있으며, 스승이 『니코마코스 윤리학』에서 설명하지 않은 성격적(윤리적) 악덕의 목록을 풍부하게 제시한다. 책에 열거된 목록에는 '가식적인 사람', '아부하는 사람', '말 많은 사람', '속없이 친해지려는 사람', '소문 내고 다니는 사람' 등이 포함되어 있다. 『니코마코스 윤리학』의 핵심 개념들을 이해한 독자라면 동일한 사유의 연장선상에서 흥미를 가지고 읽어볼 만한 저술이다.

『엥케이리디온(왕보다 더 자유로운 삶)』
에픽테토스, 서광사, 2013

쾌락을 추구하려는 욕망은 인간의 가장 주요한 본성이다. 식물이나 동물은 욕망을 추구하지 않거나 생존에 필요한 것 이상을 욕망하지 않는다. 하지만 인간의 욕망 추구는 끝이 없다. 물론 끝없는 욕망 추구가 삶에 해롭다는 것을 아는 존재도 인간뿐이다. 따라서 욕망에 대해 어떤 태도를 취하느냐에 따라 서로 다른 인생관과 윤리관이 도출된다. 욕망을 추구하는 인간의 본성을 있는 그대로 긍정하는 쾌락주의적 인간도 있지만, 욕망 자체를 금기시하여 극단적인 무소유를 추구하는 금욕주의적 인간도 있다. 쌓여 있는 재물 위에 더 많은 재물을 쌓아두고 싶어하는 것도 인간이지만, 작은 연필 한 자루조차 자신의 소유물로 여기지 않으려는 것도 인간이다. 아리스토텔레스에 따르면, 이렇게 극단적인 방향으로 욕망을 추구하거나 회피하며 사는 삶 둘 다 인간답게 사는 삶이 아니다. 그는 인간에게 욕망이 생겨날 수밖에 없다는 사실 자체는 받아들이지만, 이를 극단적으로 추구하거나 회피할 것이 아니라 그에 대해 적절한 태도를 취해야 한다고 말한다. 양극단의 욕망이 아니라 이렇게 적절한 중간의 태도를 취하면서 사는 인간이 중용의 태도를 획득한 인간이자 행복한 인간이다.

에픽테토스의 『엥케이리디온』은 스토아의 윤리관을 대표하는 저술이다. 그는 그리스인으로 원래 노예였다가 자유민이 되어 행정장관까지 지낸 인물로, 노예 시절 잔혹한 형벌을 받아 절름발이가 되었다고 한다. 도미티아누스 황제가 지식인들은 쓸모가 없다면서 철학자들을 모두 추방한 90년까지 로마에서 살며 가르쳤다. 당대 로마의 상황은 지배 계급에게는 행복한 시절이었을지 몰라도 대부분의 사람들에게는 삶의 활력을 주는 시대는 아니었던 것으로 보인다. 그는 암울한 시대를 살면서 인내와 극기, 체념의 윤리를 가르쳤다고 한다. 스토아의 윤리학은 욕망 자체가 생겨나지 않는 상태를 바람직한 인간상으로 제시한다는 점에서 금욕주의와 가깝다. 그들은 욕망을 불러일으키는 '감정 혹은 경험(pathos)' 자체로부터 벗어나, 자유로워지라고 말한다. 이 상태가 바로 '아파테이아(a-patheia)' 상태, 말 그대로 '감정이나 경험(patheia)'이 부재한(a-) 상태다. 스토아학파에 따르면, 사람들이 불행한 원인은 영혼의 상처를 치유하지 못했기 때문이다. 대부분의 사람들은 탐욕, 불안, 근심, 두려움, 분노, 괴로움, 좌절, 후회, 허망함, 시기, 질투 등의 온갖 '감정이나 경험'에 시달린다. 이때 감정이나 경험의 발생은 본질적으로 우리의 이성이 잘못 작동되어 얻게 되는 오류 판단이어서, 이성을 올바로 사용하면 고통을 야기하는 감정이나 경험의 해악을 극복할 수 있다. 올바른 이성의 사용이 욕망과 고통의 탁월한 치료법이 된다. 이를 달성하기 위한 방법으로 에픽테토스는 '우리에게 달린 것'과 '우리에게 달리지 않은 것'의 구분을 제시했다. 우리에게 달려 있는 것에는 '내적 자유와 덕들'이 포함되며, 우리에게 달려 있지 않은 것에는 '타고난 신체, 가족, 부, 명예 같은 외적인 것들'이 포함된다. 감정이나 경험이 요동쳐 인간이 고통에 빠지는 것은 보통 우리에게 달려 있지 않은 것을 바꾸려 하거나 바꿀 수 있다고 보는 믿음에서 생겨난다. 『엥케이리디온』에서 에픽테토스는 '우리에게 달려 있지 않은 것들을 운명으로 받아들이고 마음 쓰지 말 것', '가혹한 운명에 맞서기 위해 우리에게 달려 있는 것에만 매달릴 것'을 삶의 지혜로 제시한다.

『세 통의 편지(유명한 철학자들의 생애와 사상 1,2)』
에피쿠로스, 나남, 2021

에피쿠로스는 스토아학파와 더불어 헬레니즘 사상을 대표한다. 에피쿠로스의 윤리학은 '쾌락주의'로 불린다. 쾌락주의는 크게 둘로 분류할 수 있다. 견유학파의 쾌락주의는 말 그대로 '쾌락의 추구', 그중에서도 육체적 쾌락을 추구하는 것이 인간의 본성을 따르는 길이며, 쾌락을 추구하다가 부끄러움이나 수치를 느끼는 것은 본성에 반하는 일이라고 가르친다. 쾌락주의는 원하는 욕망이 많이 충족될수록 행복하고, 원하는 욕망이 좌절되면 불행하다고 가르친다. 에피쿠로스에게도 삶의 목적은 쾌락의 추구이며, 욕망을 만족시키는 것이 중요하다. 하지만 그는 육체적 쾌락주의와 전혀 다른 길을 걷는다. 에피쿠로스는 행복하기 위해 쾌락을 추구할 것이 아니라 '고통을 제거'

하라고 충고한다. 그의 쾌락주의를 '소극적 쾌락주의'라고 부른다. 쾌락은 원하는 것을 획득하는 데서도 얻어지지만, 반대로 고통을 제거하는 데서도 얻어지기 때문이다.

'고통을 제거'하는 첫 번째 방법은 고통을 야기하는 두려움의 원인을 제거하는 것이다. 인간은 다가올 미래가 나에게 어떤 해를 가할지 모른다는 두려움에 사로잡히는 존재이자, 죽음에의 공포 때문에 발생하는 두려움에 사로잡히는 존재다. 에피쿠로스는 두려움을 극복하여 고통을 최소화하는 '쾌락의 상태'를 삶의 이상향으로 제시한다. '고통을 제거'하는 두 번째 방법은 에피쿠로스가 왜 '적극적' 쾌락주의자가 아닌지를 알려준다. 쾌락은 추구할수록 여러 문제를 야기한다. 쾌락은 추구할수록 무뎌져서 더 강한 쾌락이 아니면 예전의 쾌락의 강도를 획득하기 힘들며, 쾌락을 추구할수록 고통이 동반되는 '쾌락의 역설'을 일으킨다. 에피쿠로스는 이런 이유로 고통을 제거하기 위해 '과도한 욕망을 버릴 것'을 주장한다. 진정한 행복은 내가 이룰 수 없는 욕망, 충족해도 고통만 야기하는 욕망을 제거하는 데 달려 있다. 바로 이 상태, 즉 욕망이 발현하지 않는 고통이 제거된 상태를 '아타락시아' 상태라고 부른다.

기원후 2세기경 디오게네스 라에르티오스가 쓴 『유명한 철학자들의 생애와 사상』은 가장 온전하고 가장 오래된 서양철학사 문헌이다. 철학의 아버지로 일컬어지는 탈레스부터 기원후 2세기 헬레니즘 시기까지 그리스를 중심으로 활동했던 다양한 철학자들의 이야기를 담고 있다. 소크라테스나 플라톤, 아리스토텔레스 등 유명한 철학자들의 삶에 대한 흥미로운 이야깃거리들이 열전 형태로 담겨 있어 대중적으로도 널리 읽혀온 고전이다. 이 책이 학술적으로 특별히 중요한 이유는 에피쿠로스의 거의 유일한 글이 보존되어 있다는 점 때문이다. 에피쿠로스는 어마어마한 분량의 책을 썼다고 전해지지만 현재 대부분 소실되었고 그가 자신의 제자들에게 직접 쓴 편지 세 통만이 남아 있다. 에피쿠로스를 그의 직접 저술로 이해할 수 있는 방법은 이 세 통의 편지가 유일하며, 이 세 통의 편지가 『유명한 철학자들의 생애와 사상』 2권 마지막 장에 그대로 보존되어 있다.

『덕과 지식, 그리고 행복』
윌리엄 J. 프라이어, 서광사, 2010

『니코마코스 윤리학』은 '덕'의 중요성을 강조한 윤리학의 고전이다. 이 책을 기점으로 그리스의 윤리 문화가 정리되고, 이 책의 사상이 작은 변형을 거치며 여러 학파나 사상가들의 윤리 이론으로 확장된다. 아리스토텔레스는 스승인 소크라테스와 플라톤의 사상에 많은 부분 빚을 지고 있다. 그리고 이 세 사상가의 시대적 배경에는 호메로스의 문학 작품과 소포클레스, 에우리피데스의 비극 작품이 놓여 있다. 윌리엄 J. 프라이어는 이 책에서 고대 그리스에 본격적인 철학이 꽃피기 이전, 호메로스 시대의 문학 작품『일리아드』,『오뒷세이아』에 나타난 덕의 특징을 설명하고, 이후 소피스트와 소크라테스, 플라톤의『국가』, 아리스토텔레스의『니코마코스 윤리학』을 다룬 후에, 에피쿠로스학파와 스토아학파의 윤리관을 차례로 다룬다. 이 과정에서 서양철학의 발생지인 고대 그리스에서 '덕'이 어떻게 형성되고 발전했는지를 다루며, 각 이론이 발생한 시대적 배경에 대해서도 친절하게 소개한다. 한마디로 중세 이전까지 서양 사상의 역사에서 다뤄야 할 거의 모든 인물과 철학을 소개하는 기획을 성공적으로 수행한 책이라고 할 수 있다. 고전을 처음 접하는 학생들에게는 보통 힘들더라도 『국가』나 『니코마코스 윤리학』 등 고전을 한 줄 한 줄 직접 읽어보라고 권하지만, 프라이어의 이 책만큼은 예외다. 플라톤이나 아리스토텔레스, 소크라테스를 통해 고대 그리스의 윤리 사상에 관심을 갖기 시작한 독자나, 의무론과 공리주의라는 현대 윤리적 사유에 새로운 빛을 던진 현대 덕윤리에 관심을 가지고 있는 독자에게 일독을 권한다.

생애 연보

BC 384년   그리스 변방 스타게이로스에서 출생하다. 부친 니코마코 스는 마케도니아 왕의 주치의이고, 모친 파이스티스 역시 의사 집안 출신이다. 어린 시절 양친을 여의다.

BC 367년   플라톤의 아카데미아 학당에서 수학하다. 이후 플라톤의 사망 시까지 20여 년간 연구에 정진하다.

BC 347년   플라톤이 죽고 그의 조카 스페우시포스가 아카데미아의 수장이 되자 아테네를 떠나 앗소스 섬에서 체류하다.

BC 345년   레스보스 섬 태생의 테오프라스토스의 주선으로 미튈레 네에서 생물학을 탐구하다.

BC 343년   마케도니아 왕 필리포스 2세의 의뢰와 헤르미아스의 추천 을 받아 13세 알렉산드로스의 가정 교사를 맡다.

BC 335년   기원전 336년에 필립포스 왕이 죽고 알렉산드로스가 즉위 하다. 이듬해인 기원전 335년에 아테네로 돌아와 뤼케이 온 학당을 세워 교육과 연구에 전념하다.

BC 323년   동방 원정에서 승승장구하던 알렉산드로스가 바빌론 근 처에서 발열로 죽다. 반마케도니아 정서로 인해, 마케도니

아와 관계가 깊었던 그는 불경죄로 재판에 회부되다. 어
머니의 고향 칼키스로 도피하다.

BC 322년　칼키스에서 위장병으로 숨을 거두다.

참고 문헌

• 『니코마코스 윤리학』의 우리말 원전 번역은 두 종류가 있다. 이 책의
  인용문은 모두 김재홍·강상진·이창우의 번역이다.
  『니코마코스 윤리학』, 김재홍·강상진·이창우 옮김, 길, 2011.
  『니코마코스 윤리학』, 천병희 옮김, 숲, 2013.

• 그리스어를 영어로 번역한 책 중에 뛰어난 몇 권을 소개한다.
  Christopher Rowe, *Nicomachean Ethics*, Oxford, 2002.
    (With philosophical introduction and commentary by Sarah Broadie.)
  Terence H. Irwin, *Nicomachean Ethics*, Hackett, 1985.
  Roger Crisp, *Nicomachean Ethics*, Cambridge, 2000.

• 『정치학』과 『에우데모스 윤리학』의 우리말 원전 번역은 다음과 같
  다. 이 책에서 『정치학』의 인용문은 모두 김재홍의 번역이다.
  『정치학』, 김재홍 옮김, 길, 2017.
  『정치학』, 천병희 옮김, 숲, 2009.
  『에우데모스 윤리학』, 송유레 옮김, 아카넷, 2021.

- 『니코마코스 윤리학』을 읽는 데 도움이 될 입문서를 몇 권 소개한다.
  크리스토퍼 원, 『아리스토텔레스의 〈니코마코스 윤리학〉 입문』, 김요한 옮김, 서광사, 2011.

  Gerard J. Hughes, *Routledge Philosophy Guidebook to Aristotle on Ethics*, Routledge, 2001.

  Michael Pakaluk, *Aristotle's Nicomachean Ethics: An Introduction*, Cambridge, 2005.

  Jon Miller, *Aristotle's Nicomachean Ethics: A Critical Guide*, Cambridge, 2011.

EBS 오늘 읽는 클래식

아리스토텔레스의 니코마코스 윤리학

1판 1쇄 발행 2021년 12월 30일
1판 2쇄 발행 2023년 11월 15일

지은이 유재민

펴낸이 김유열
편성센터장 김광호 │ 지식콘텐츠부장 오정호
단행본출판팀│기획 장효순, 최재진, 서정희 │ 마케팅 최은영 │ 제작 정봉식
북매니저 윤정아, 이민애, 정지현, 경영선

책임편집 표선아 │ 디자인 정계수 │ 일러스트 최광렬 │ 인쇄 애드그린인쇄

펴낸곳 한국교육방송공사(EBS)
출판신고 2001년 1월 8일 제2017-000193호
주소 경기도 고양시 일산동구 한류월드로 281
대표전화 1588-1580 │ 홈페이지 www.ebs.co.kr
이메일 ebsbooks@ebs.co.kr

ISBN 978-89-547-6193-2 04100
     978-89-547-6188-8 (세트)

ⓒ 2021, 유재민